FOM-Edition

Kompakt

Reihe herausgegeben von

FOM Hochschule für Oekonomie & Management, Essen, Deutschland

Bücher, die relevante Themen aus wissenschaftlicher Perspektive beleuchten, sowie Lehrbücher schärfen das Profil einer Hochschule. Im Zuge des Aufbaus der FOM gründete die Hochschule mit der FOM-Edition eine wissenschaftliche Schriftenreihe, die allen Hochschullehrenden der FOM offensteht. Sie gliedert sich in die Bereiche Lehrbuch, Fachbuch, Sachbuch, International Series sowie Dissertationen. Seit 2023 ergänzen zudem die Reihen FOM-Edition Kompakt und FOM-Edition Studium kompakt, mit denen komprimierte Inhalte kurzfristig herausgegeben werden können, das Portfolio.

Die Reihe FOM-Edition Kompakt ist thematisch breit gefächert. Die Bände der Reihe behandeln in knappem, schnell rezipierbarem Umfang hochaktuelle Themen und gegenwärtige Fragestellungen, die es Leserinnen und Lesern aus Wissenschaft und Praxis ermöglichen, sich schnell auf den neuesten Stand zu bringen.

Markus H. Dahm · Meik Vogler

Künstliche Intelligenz im Marketing

Grundlagen und
Handlungsempfehlungen

Markus H. Dahm
FOM Hochschule
Hamburg, Deutschland

Meik Vogler
Hamburg, Deutschland

ISSN 2625-7114   ISSN 2625-7122 (electronic)
FOM-Edition
ISSN 2947-2032   ISSN 2947-6232 (electronic)
Kompakt
ISBN 978-3-658-46254-3   ISBN 978-3-658-46255-0 (eBook)
https://doi.org/10.1007/978-3-658-46255-0

Die Deutsche Nationalbibliothek verzeichnet diese Publikation in der Deutschen Nationalbibliografie; detaillierte bibliografische Daten sind im Internet über https://portal.dnb.de abrufbar.

© Der/die Herausgeber bzw. der/die Autor(en), exklusiv lizenziert an Springer Fachmedien Wiesbaden GmbH, ein Teil von Springer Nature 2024

Das Werk einschließlich aller seiner Teile ist urheberrechtlich geschützt. Jede Verwertung, die nicht ausdrücklich vom Urheberrechtsgesetz zugelassen ist, bedarf der vorherigen Zustimmung des Verlags. Das gilt insbesondere für Vervielfältigungen, Bearbeitungen, Übersetzungen, Mikroverfilmungen und die Einspeicherung und Verarbeitung in elektronischen Systemen.
Die Wiedergabe von allgemein beschreibenden Bezeichnungen, Marken, Unternehmensnamen etc. in diesem Werk bedeutet nicht, dass diese frei durch jede Person benutzt werden dürfen. Die Berechtigung zur Benutzung unterliegt, auch ohne gesonderten Hinweis hierzu, den Regeln des Markenrechts. Die Rechte des/der jeweiligen Zeicheninhaber*in sind zu beachten.
Der Verlag, die Autor*innen und die Herausgeber*innen gehen davon aus, dass die Angaben und Informationen in diesem Werk zum Zeitpunkt der Veröffentlichung vollständig und korrekt sind. Weder der Verlag noch die Autor*innen oder die Herausgeber*innen übernehmen, ausdrücklich oder implizit, Gewähr für den Inhalt des Werkes, etwaige Fehler oder Äußerungen. Der Verlag bleibt im Hinblick auf geografische Zuordnungen und Gebietsbezeichnungen in veröffentlichten Karten und Institutionsadressen neutral.

Planung/Lektorat: Angela Meffert
Springer Gabler ist ein Imprint der eingetragenen Gesellschaft Springer Fachmedien Wiesbaden GmbH und ist ein Teil von Springer Nature.
Die Anschrift der Gesellschaft ist: Abraham-Lincoln-Str. 46, 65189 Wiesbaden, Germany

Wenn Sie dieses Produkt entsorgen, geben Sie das Papier bitte zum Recycling.

- Eine verständliche Darstellung der Grundlagen von Künstlicher Intelligenz im Kontext des Marketings, von Definitionen bis hin zu praktischen Anwendungen
- Leserinnen und Leser erfahren, warum KI im Marketing keine neue Erscheinung ist, sondern bereits leise und stetig Einzug gehalten hat, mit Rückblick auf bisherige Entwicklungen
- Vielfältige Beispiele aus verschiedenen Marketingbereichen wie Produktmanagement, Preisgestaltung, Distribution, Service und Kommunikation, die veranschaulichen, wie KI bereits heute erfolgreich eingesetzt wird
- Einen Blick auf die Zukunft des Marketings und eine Präsentation der „GenAI" als Wegbereiter für innovative Ansätze und Entwicklungen in der Kundenansprache
- Einblicke in die Veränderungen, die KI in Marketingorganisationen auslöst, angefangen bei internen Prozessen bis hin zu externen Organisationsstrukturen
- Das Buch beleuchtet, wie Führungskräfte und Personalverantwortliche sich anpassen können, um die Herausforderungen und Chancen von KI in der Marketingbranche erfolgreich zu meistern
- Praxisnahe Empfehlungen, die auf die spezifischen Bedürfnisse von markenführenden Unternehmen und Marketing-Agenturen zugeschnitten sind

Vorwort

Liebe Leserinnen und Leser,

es ist uns eine besondere Freude, Ihnen dieses Buch vorlegen zu dürfen. In einer Zeit, in der der digitale Wandel das Marketing revolutioniert, ist der Einsatz Künstlicher Intelligenz (KI) zu einem Schlüsselfaktor für markenführende Unternehmen geworden. Wir, beide Marketingexperten, nehmen Sie mit auf eine Reise durch die faszinierende Welt der KI im Marketing und bieten einen umfassenden Blick auf verschiedene Themenbereiche, die entscheidend für das Verständnis und die erfolgreiche Implementierung von KI sind. Weiterhin liefern wir praxisnahe Handlungsempfehlungen.

Das vorliegende Buch verfolgt ein klares Ziel: die Brücke zwischen Künstlicher Intelligenz (KI) und erfolgreichem Marketing zu schlagen. Markus H. Dahm und Meik Vogler haben es sich zur Aufgabe gemacht, nicht nur theoretisches Wissen zu vermitteln, sondern praxisnahe Einblicke, Anwendungsbeispiele und konkrete Handlungsempfehlungen zu bieten. Unser Ziel ist es, Erkenntnisgewinnung und tiefgreifendes Verständnis für KI im Marketing zu ermöglichen, die leise Disruption durch KI zu verdeutlichen und Orientierung in Zeiten des Wandels zu bieten. Wir möchten nicht nur informieren, sondern aktiv dazu ermutigen, die Zukunft des Marketings aktiv zu gestalten. Das Buch ist mehr als eine Sammlung von Ideen – es ist ein Werkzeug, das Unternehmen und Marketingexpertinnen und -experten befähigen soll, die Potenziale der KI optimal zu nutzen und somit eine zukunftsfähige Organisation aufzubauen. Mit einem klaren „act now" rufen wir dazu auf, die Chancen zu ergreifen und die eigene Position im Marketing der Zukunft zu festigen.

Wir teilen nicht nur unsere Kenntnisse auf dem Gebiet der KI, sondern auch unsere Leidenschaft für innovative Marketingstrategien. Durch unsere Zusammenarbeit ist ein Buch entstanden, das nicht nur fundiertes Fachwissen vermittelt, sondern auch inspiriert und dazu ermutigt, die Möglichkeiten von KI im Marketing voll auszuschöpfen.

Ob Sie nun ein erfahrener Marketingprofi oder auf den ersten Schritten Ihrer beruflichen Reise sind, dieses Buch bietet Ihnen einen umfassenden Einblick in die transformative Kraft der KI.

Wir wünschen Ihnen eine inspirierende Lektüre und viele Aha-Momente auf Ihrer Entdeckungsreise durch dieses Buch.

Hamburg   Markus H. Dahm
im Herbst 2024   Meik Vogler

Inhaltsverzeichnis

Über die Autoren

Markus H. Dahm ist Marketingexperte und Berater für Strategie, Digital Change & Transformation. Ferner lehrt und forscht er an der FOM Hochschule in Hamburg in den Themenfeldern Künstliche Intelligenz, Führung, Marketing-Kommunikation, Digital Management und agile Organisationsgestaltung. Er ist Mitglied des Instituts für IT-Management & Digitalisierung (ifid) der FOM. Er publiziert regelmäßig zu aktuellen Management- und Leadership-Fragestellungen in wissenschaftlichen Fachmagazinen, Blogs und Onlinemagazinen sowie der Wirtschaftspresse. Er ist Autor und Herausgeber zahlreicher Bücher und Ambassador des Artificial Intelligence Center Hamburg (ARIC).

Meik Vogler beschäftigt sich seit 1998 intensiv mit den Themen Kommunikation und Digitalisierung, u. a. bei Agenturen wie Rapp Collins (TRACK), Ogilvy, Serviceplan und Jung von Matt. Er ist Vice President Business Development bei JAKALA, einem der führenden Unternehmen für Data, AI und Experiences mit knapp 3.000 Mitarbeitenden weltweit. In seiner Rolle verantwortet er die Weiterentwicklung des Unternehmens im deutschsprachigen Raum. Zu den von ihm beratenen Marken gehören die Comdirect Bank, Vodafone, Telefónica O_2, Henkel, Lufthansa, Tchibo, ERGO, Bosch und Chupa Chups. Er ist Ambassador des Artificial Intelligence Center Hamburg (ARIC) und Mitautor des Buches „Wie Künstliche Intelligenz unser Leben prägt" (Haufe).

Einleitung 1

1.1 Die Brücke zwischen KI und erfolgreichem Marketing

In einer Ära, in der Innovation die Triebkraft des Fortschritts ist, durchdringt eine Technologie zunehmend die Welt des Marketings und verspricht eine Revolution von beispiellosem Ausmaß: Künstliche Intelligenz (KI). Dieses Buch setzt sich zum Ziel, die Schnittstelle zwischen KI und Marketing zu beleuchten und praxisnahe Handlungsempfehlungen für markenführende Unternehmen zu liefern.

Um dieses Vorhaben zu verstehen, beginnen wir mit den Grundlagen: Was verbirgt sich hinter dem Begriff KI? In **Kap. 1** nehmen wir uns Zeit für eine Definition und Einordnung von KI. Wir werden die verschiedenen Facetten dieser Technologie erkunden und ihren Stellenwert im Kontext des Marketings herausarbeiten.

Im Anschluss ergründen wir die Grundpfeiler des Marketings und der Markenführung. Was bedeutet Marketing in einer Welt, die von ständigem Wandel geprägt ist? Wie wird Markenführung in einer Ära, in der KI eine immer größere Rolle spielt, neu definiert? Diese Fragen dienen als Ausgangspunkt, um die Herausforderungen und Chancen zu verstehen, denen sich markenführende Unternehmen gegenübersehen.

Kap. 2 ist dem Verständnis der leisen Disruption im Marketing durch KI gewidmet. Wir werfen einen Blick auf die Vergangenheit, um zu verstehen, was bereits geschehen ist und warum KI im Marketing keineswegs neu ist. Anwendungsbeispiele aus verschiedenen Clustern, darunter Produkt, Preis, Distribution, Service und Kommunikation, veranschaulichen die vielseitigen Einsatzmöglichkeiten von KI. Besondere Aufmerksamkeit widmen wir dabei der generativen

© Der/die Autor(en), exklusiv lizenziert an Springer Fachmedien Wiesbaden GmbH, ein Teil von Springer Nature 2024
M. H. Dahm und M. Vogler, *Künstliche Intelligenz im Marketing*, FOM-Edition, https://doi.org/10.1007/978-3-658-46255-0_1

künstlichen Intelligenz (die sogenannte „GenAI") als einem entscheidenden Booster für die Zukunft des Marketings.

Die Veränderungen, die KI mit sich bringt, sind nicht auf die Marketingprozesse beschränkt. In **Kap. 3** analysieren wir die Auswirkungen auf Marketingorganisationen. Dabei beleuchten wir interne und externe Organisationsstrukturen sowie die Herausforderungen im Bereich Führung und Recruiting. Dieser Abschnitt bietet Orientierung für diejenigen, die ihre Organisationen fit für die Ära der KI machen möchten.

Im **Kap. 4** präsentieren wir in kompakter Weise konkrete Handlungsempfehlungen. Diese sind nicht nur allgemeiner Natur, sondern zugeschnitten auf markenführende Unternehmen und Marketingagenturen. Wir möchten nicht nur theoretische Ansätze liefern, sondern konkrete Maßnahmen aufzeigen, die sofort umgesetzt werden können.

Dieses Buch ist ein Handbuch für alle, die die Herausforderungen der KI im Marketing annehmen wollen. Wir laden Sie ein, gemeinsam mit uns in die Welt der KI im Marketing einzutauchen und die Weichen für eine erfolgreiche Zukunft zu stellen.

1.2 Synthese von Denken und Maschine – Was verstehen wir unter KI?

KI ist mehr als nur ein Schlagwort – sie markiert einen entscheidenden Meilenstein im Versuch des Menschen, Intelligenz zu erschaffen. Im Kern geht es bei KI darum, Maschinen so zu gestalten, dass sie Fähigkeiten besitzen, die normalerweise menschlicher Intelligenz zugeschrieben werden. Dieser Versuch, den komplexen Prozess des Denkens und Lernens auf Maschinen zu übertragen, steht im Mittelpunkt der faszinierenden Welt der KI.

Ein fundamentales Merkmal von KI ist die Fähigkeit zur Autonomie – Maschinen sollen in der Lage sein, eigenständig Entscheidungen zu treffen und Aufgaben zu lösen. Hierbei kommen unterschiedliche Techniken und Modelle zum Einsatz, darunter maschinelles Lernen, neuronale Netzwerke und intelligente Algorithmen. Diese Methoden ermöglichen es den Maschinen, aus Daten zu lernen, Muster zu erkennen und sich kontinuierlich zu verbessern – ein Prozess, der dem menschlichen Lernverhalten nicht unähnlich ist.

Ein weiterer zentraler Aspekt von KI ist die Fähigkeit zur Anpassung. KI-Systeme können sich auf veränderte Umgebungen einstellen, neue Informationen integrieren und flexible Lösungen für komplexe Probleme finden. Diese Anpassungsfähigkeit verleiht KI eine erstaunliche Vielseitigkeit und ermöglicht ihren

Einsatz in den unterschiedlichsten Bereichen, von der Medizin bis zur Wirtschaft, von der Automatisierung bis zur Kreativität.

KI ist jedoch nicht nur auf reine Berechnungen beschränkt; sie strebt danach, menschenähnliches Denken zu simulieren. Natürliche Sprachverarbeitung, emotionale Intelligenz und sogar kreative Schaffenskraft sind Teil des umfassenden Ziels, eine KI zu entwickeln, die nicht nur rational, sondern auch intuitiv agieren kann. Hierbei stellt sich die Frage nach der ethischen Dimension – wie können wir sicherstellen, dass KI im Einklang mit unseren Werten handelt und menschenzentrierte Lösungen bietet?

Insgesamt ist Künstliche Intelligenz ein faszinierendes Forschungs- und Anwendungsgebiet, das die Grenzen zwischen Mensch und Maschine herausfordert. Die Reise zu einer umfassenden KI ist geprägt von Entdeckungen, Herausforderungen und ethischen Überlegungen. Letztendlich eröffnet KI nicht nur neue Horizonte für technologische Innovationen, sondern auch für die Art und Weise, wie wir als Gesellschaft denken, lernen und Entscheidungen treffen.

1.3   Die Kunst der Verbindung zwischen Angebot und Nachfrage – Was ist Marketing?

Marketing ist weit mehr als nur eine Geschäftsstrategie – es ist die lebendige Essenz dessen, wie wir Produkte und Dienstleistungen in der Welt positionieren, kommunizieren und schließlich einen bleibenden Eindruck in den Köpfen der Verbraucherinnen und Verbraucher hinterlassen.

Im Kern geht es beim Marketing darum, Bedürfnisse und Wünsche zu verstehen – sowohl aufseiten der Verbraucherinnen und Verbraucher als auch der Anbieter. Diese Grundlage bildet den Ausgangspunkt für die Gestaltung von Produkten und Dienstleistungen, die nicht nur funktional sind, sondern auch einen emotionalen Mehrwert bieten. Marketing ist somit die Brücke zwischen Angebot und Nachfrage, die es ermöglicht, die richtigen Produkte zum richtigen Zeitpunkt und auf die richtige Weise zu präsentieren.

Ein wesentlicher Aspekt des Marketings ist die Kommunikation. Die Fähigkeit, eine klare Botschaft zu formulieren und diese über verschiedene Kanäle zu verbreiten, ist entscheidend für den Erfolg einer Marke. Hier kommen Kreativität, Storytelling und visuelle Ästhetik ins Spiel, um eine Verbindung mit dem Publikum herzustellen. Ein erfolgreicher Marketingansatz schafft Erlebnisse, die in Erinnerung bleiben.

Die Digitalisierung hat das Marketing in eine Ära der Vielfalt und Interaktivität geführt. Von Social Media über Content-Marketing bis hin zu datengetriebenen

Analysen – die Werkzeuge des Marketings sind so vielseitig wie nie zuvor. Der Fokus liegt dabei nicht nur auf dem Verkauf, sondern auch auf der Pflege langfristiger Kundenbeziehungen. Kundenbindung und Markentreue sind zu zentralen Säulen des modernen Marketings geworden.

Ethik spielt ebenfalls eine zunehmend wichtige Rolle im Marketing. Verbraucherinnen und Verbraucher erwarten nicht nur Qualität und Innovation, sondern auch Transparenz, Nachhaltigkeit und soziale Verantwortung von den Marken, mit denen sie interagieren. Marketing steht vor der Herausforderung, nicht nur effektiv zu verkaufen, sondern auch moralische Prinzipien zu wahren und einen positiven Einfluss auf die Gesellschaft auszuüben.

Zusammengefasst ist Marketing eine Kunstform, die sich ständig weiterentwickelt und an die Bedürfnisse einer sich wandelnden Welt anpasst. Es ist die Kunst der Verbindung, die Menschen, Ideen und Produkte miteinander verknüpft und so eine lebendige, inspirierende Landschaft der Wirtschaft und Kreativität formt.

1.4   Die Kunst, Identität und Vertrauen zu gestalten – Was ist Markenführung?

Markenführung ist weit mehr als das einfache Platzieren eines Logos oder das Entwerfen einer ansprechenden Werbekampagne. Es ist die subtile Kunst, eine Identität zu schaffen, die nicht nur Produkte und Dienstleistungen verkörpert, sondern auch eine tiefgreifende Verbindung zu den Verbraucherinnen und Verbrauchern herstellt. Markenführung ist der Wegweiser, der eine Marke durch die Gewässer des Wettbewerbs lenkt und ihr eine unverwechselbare Stimme verleiht.

Im Kern geht es bei der Markenführung um die Entwicklung und Pflege einer klaren Identität. Eine Marke ist mehr als nur ein Name oder ein Logo – sie ist ein lebendiges Konzept, das Werte, Persönlichkeit und Versprechen verkörpert. Die Kunst der Markenführung besteht darin, diese Elemente harmonisch zu vereinen und sie über alle Berührungspunkte hinweg konsistent zu kommunizieren, sei es in der Produktgestaltung, der Werbung oder im Kundenservice.

Ein zentraler Aspekt der Markenführung ist das Vertrauen. Marken, die Vertrauen aufbauen, sind in der Lage, eine emotionale Bindung zu ihren Kundinnen und Kunden herzustellen. Dies erfordert Authentizität und Konsistenz in der Kommunikation, gepaart mit einem klaren Bekenntnis zu ethischen Prinzipien und sozialer Verantwortung. Vertrauen ist das Kapital, das im Laufe der Zeit aufgebaut wird und eine Marke widerstandsfähig gegenüber den Stürmen des Wettbewerbs macht.

Markenführung geht über die einfache Produktdarstellung hinaus – sie erzählt Geschichten. Eine erfolgreiche Marke schafft eine Narration, die nicht nur den Verstand, sondern auch das Herz der Verbraucher anspricht. Diese Geschichten sind nicht nur Verkaufsargumente, sondern auch Ausdruck der Werte und Visionen der Marke. Durch die Kunst des Storytellings entstehen Verbindungen, die über den reinen Konsum hinausgehen und eine loyale Gemeinschaft von Anhängern schaffen.

Die Digitalisierung hat die Markenführung in eine Ära der Interaktivität geführt. Social Media und andere digitale Plattformen bieten Marken die Möglichkeit, direkt mit ihren Kunden zu kommunizieren und Feedback zu erhalten. Eine erfolgreiche Markenführung berücksichtigt diese neuen Kanäle und integriert sie nahtlos in die Gesamtstrategie.

Zusammengefasst ist Markenführung die Kunst, Identität zu gestalten und Vertrauen aufzubauen. Es ist die bewusste Lenkung der Wahrnehmung, die eine Marke von anderen abhebt und einen dauerhaften Eindruck hinterlässt. Die Kunst der Markenführung ist dynamisch und anspruchsvoll, aber auch unverzichtbar für den langfristigen Erfolg einer Marke in einer Welt, die von Vielfalt, Wettbewerb und ständigem Wandel geprägt ist.

KI – die Leise Disruption Im Marketing

2

2.1 Die bisherige Verwendung von KI im Marketing

KI wird eine disruptive Wirkung nachgesagt. Fach- und Publikumsmedien beschreiben, wie fundamental sich die Welt in Zukunft verändern wird, etablierte Geschäftsmodelle geraten ins Wanken, bisher noch manuelle Prozesse werden von Maschinen übernommen, ganze Branchen werden verschwinden und Menschen werden zukünftig nur noch den Maschinen zuarbeiten.

Diese Disruption wird viele Bereiche unseres (Arbeits-)Lebens betreffen, aber insbesondere die Welt des Marketings. Kein Wunder, ging schon McKinsey in einer Global Institute Analysis aus dem Jahr 2018 davon aus, dass KI den höchsten Business Impact im Bereich Marketing & Sales aufweist – mit bis zu 2,6 Billionen US\$ deutlich höher als z. B. in den Bereichen Supply Chain Management/Manufacturing oder Finance & IT (vgl. Columbus, 2018).

Es lässt sich festhalten, dass KI die Welt des Marketings auf den Kopf stellen und grundlegend verändern wird. Dabei sollten wir aber im Blick behalten, dass diese Entwicklung gar nicht so neu ist, wie sie auf den ersten Blick scheint.

Der Arbeitsalltag der Marketers ist gefüllt mit Tools, Anwendungen und Services, die teilweise oder ganz auf KI aufgebaut sind. Wir sehen diese insbesondere im Bereich der Mediaplanung und hier vor allem im Media-Buying. 72 % der Online-Display-Werbeumsätze laufen über Programmatic Buying, also den automatisierten Einkauf von Werbeflächen in Form von Realtime-Auktionsverfahren (vgl. Bundesverband Digitale Wirtschaft (BVDW) e. V.).

Die Aussteuerung und Optimierung digitaler Werbemittel bei den großen Werbeplattformen wie Google, Facebook und Amazon – die im Jahr 2023 zusammen ca. 65 % der digitalen Ad-Spendings (vgl. Lebow) auf sich vereinen sollen – läuft auf Basis von Algorithmen.

© Der/die Autor(en), exklusiv lizenziert an Springer Fachmedien Wiesbaden GmbH, ein Teil von Springer Nature 2024
M. H. Dahm und M. Vogler, *Künstliche Intelligenz im Marketing*, FOM-Edition, https://doi.org/10.1007/978-3-658-46255-0_2

Unternehmen, die ihren Kunden eine möglichst personalisierte Customer Journey entlang des Funnels ermöglichen möchten, werden z. B. auf eine Digital Experience Platform (DXP) zurückgreifen, um Nutzer zu identifizieren, ihre Interessen, ihr Verhalten und Kaufwahrscheinlichkeiten zu prognostizieren und sie zielgerichtet zum optimalen Zeitpunkt über den für sie individuell richtigen Kanal anzusprechen. Das funktioniert nur mit viel Intelligenz. Man ahnt es schon: mit Künstlicher Intelligenz.

Über den Bereich der Marketingkommunikation hinaus finden sich noch weitere Beispiele, in denen sich KI längst etabliert hat. Im Kundenservice werden zunehmend Sprachmodelle und intelligente Chatbots eingesetzt, in der Produktentwicklung hat KI ihre Rolle nicht nur im Bereich des Qualitätsmanagements, sie hilft auch bei der Entwicklung neuer Produkte. Gleiches gilt auch für das Feld der Distribution. Zum Beispiel kommt KI bereits seit vielen Jahren in Form von Prognose-Modellen zum Einsatz, wenn Unternehmen Regionen für weitere Filialeröffnungen suchen oder die Produktionsmengen ihrer Produkte am Markt ausrichten.

KI ist also schon lange Teil der Marketingwelt und hat diese leise und stetig verändert; also nichts Neues, kein Grund zur Aufregung und die Marketer sind gut gewappnet, könnte man sagen. Könnte …

Im November 2022 ist etwas passiert, mit dem wohl selbst die digital-optimistischsten Marketer nicht gerechnet haben. ChatGPT wurde der Welt vorgestellt und zeigte, was Generative AI zu leisten im Stande ist. Und bewies eindrucksvoll, dass auf eine leise auch noch eine laute Disruption folgen kann.

2.2   GenAI als Booster für die Zukunft

Willkommen ChatGPT: Die im November 2022 veröffentlichte und auf dem Foundation Model von OpenAI basierende Anwendung hat der Welt gezeigt, dass die Zeit, in der die KI-Nutzung nur den Tech-Nerds vorbehalten war, vorbei ist.

Zur Verdeutlichung dieser disruptiven Entwicklung: ChatGPT hat fünf Tage gebraucht, um eine Million Nutzer zu erreichen (s. Abb. 2.1). Eine Marke, für die Instagram 2,5 Monate brauchte und die etablierte Plattformen wie Airbnb oder Netflix erst nach 2,5 bzw. 3,5 Jahren erreichten (vgl. Statista, 2023).

Im Oktober 2023, also ein knappes Jahr nach Veröffentlichung, weist Chat GPT circa 140 Mio. monatliche Nutzerinnen und Nutzer auf (vgl. Menn, 2023).

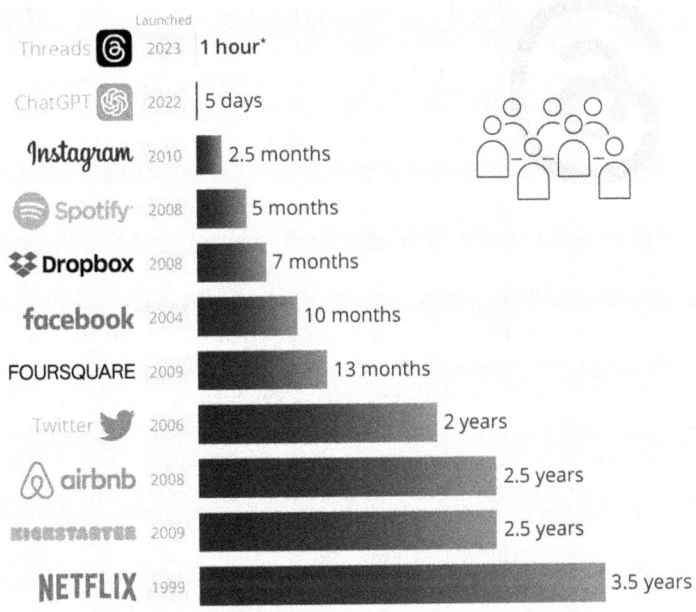

Threads Shoots Past One Million User Mark at Lightning Speed

Time it took for selected online services to reach one million users

	Launched	
Threads	2023	1 hour*
ChatGPT	2022	5 days
Instagram	2010	2.5 months
Spotify	2008	5 months
Dropbox	2008	7 months
facebook	2004	10 months
FOURSQUARE	2009	13 months
Twitter	2006	2 years
airbnb	2008	2.5 years
KICKSTARTER	2009	2.5 years
NETFLIX	1999	3.5 years

Refers to one million backers (Kickstarter), nights booked (Airbnb), downloads (Instagram/Foursquare)
* Two million signups in two hours
Source: Company announcements via Business Insider/Linkedin

statista

Abb. 2.1 Der Weg zu einer Million Nutzerinnen und Nutzern. (Quelle: Statista, 2023)

Mit ChatGPT wurde KI massentauglich und hat gezeigt, wie vielfältig sich KI im Alltag nutzen lässt. Und die daraus entstehenden Diskussionen und Aktivitäten in Gesellschaft und Wirtschaft tragen dazu bei, dass dieser technologischen Entwicklung nun die nötige Aufmerksamkeit geschenkt wird.

Wir erleben, wie einfach mit Generativer KI gearbeitet werden kann. Und wir können langsam erfahren, welche Leistungsfähigkeit in KI steckt. Oder in Zahlen: McKinsey spricht in einem Artikel aus dem April 2024 davon, dass Menschen 31.688.765.000 Jahre für die Berechnungen benötigen, die ein KI-Modell in einer Sekunde durchführen kann (vgl. McKinsey, 2024). Und laut einer von der Universität Stanford und dem Massachusetts Institute of Technology (MIT) durchgeführten Studie steigert KI die Produktivität von Angestellten um 14 %. Das Besondere: Die Studie wurde in den echten Arbeitsalltag eines Fortune 500 Unternehmens auf den Philippinen integriert. Die dort beobachteten Mitarbeitenden verbesserten ihre Arbeitsleistung in Richtung Kundinnen und Kunden und sie konnten schneller und besser eingearbeitet werden (vgl. Brynjolfsson et al., 2023).

Für die Welt des Marketings bedeutet dies, dass Generative AI der nächste große Entwicklungssprung ist, der den bisherigen und sich bereits in Anwendung befindlichen KI-Lösungen nachfolgt. Und dieser Entwicklungssprung ist groß.

Generative KI hilft den Marketern an vielen Stellen, die eigenen Arbeitsergebnisse zu verbessern oder die Arbeiten schneller zu erledigen. An dieser Stelle sollen ein paar Beispiele folgen, wie sich Generative KI in den Marketingorganisationen oder bei beteiligten Partnern wie Werbeagenturen einsetzen lässt.

Die Beispiele unterscheiden sich in:

- Strategie und Planung
- Entwicklung und Umsetzung von kreativen Produkten
- Organisation und Prozesse

2.2.1 Strategie und Planung

Mithilfe von generativer KI besteht grundsätzlich die Möglichkeit, alle Strategie- und Planungsprozesse im Marketing eines Unternehmens vollständig oder in großen Teilen zu automatisieren. Grundsätzlich. Da dies allerdings voraussetzen würde, dass die KI Zugriff auf sauber strukturierte Daten aus den unterschiedlichsten Bereichen hat, scheint dies heute noch eher weit entfernte Zukunftsmusik zu sein.

Aber auch heute kann uns KI in strategischen oder planerischen Bereichen unterstützen.

Ein sehr einfaches Anwendungsgebiet ist z. B. die Visualisierung und Einordnung von Daten. Man stelle sich eine komplexe Exceltabelle vor, auf der eine Vielzahl wichtiger Kennzahlen enthalten sind. Wird die Tabelle markiert, liefern sowohl Microsoft Excel als auch Google Tabellen mit der Funktion „Ideen" bzw. „Explore" die Möglichkeit, sich Visualisierungen der Tabelle in Diagrammform sowie geschriebene Interpretationen vorschlagen zu lassen.

Generative AI-Tools wie Gamma erstellen vollautomatisiert Präsentationen. Dabei reicht es, ein Thema in Form eines Prompts vorzugeben, und man bekommt in wenigen Sekunden ein fertiges Dokument mit z. B. Ausgangslage, inhaltlicher Einordnung, Stärken- und Schwächen-Analyse sowie Ausblick und Fazit. Fertig designt und schon beim ersten Ausprobieren besser als eine Vielzahl der Präsentationen, die uns im Business-Alltag begegnen.

Aber auch komplexe strategische Fragestellungen lassen sich dank KI relativ einfach bearbeiten. So gibt es Modelle, die das Potenzial ausgewählter Regionen oder Städte analysieren und wertvolle Erkenntnisse für z. B. die Eröffnung neuer Filialen liefern. Oder es lassen sich automatisiert Segmente aus Kundendaten gewinnen, die als Grundlage für die Kommunikationsplanung dienen.

ChatGPT eignet sich wiederum sehr gut, um zu Beginn einer Planung Inspiration in Form von Struktur oder ersten Impulsen zu bekommen. Richtig geprimt lassen sich über ChatGPT Antworten auf nahezu alle Fragen finden. Wichtig ist dabei, im Hinterkopf zu behalten, dass ChatGPT weder eine verlässliche Quellenlage bietet noch auf tagesaktuelle Daten zugreift. Mit dem Tool lassen sich aber z. B. hervorragend Workshops strukturieren, Standardprozesse beschreiben und zeitlich vorplanen (s. Abb. 2.2).

Wer einen Blick in die Zukunft werfen möchte, sollte sich die Arbeit „Generative Agents: Interactive Simulacra of Human Behavior" einer Gruppe von Stanfordstudierenden um die Professoren Michael S. Bernstein und Percy Liang anschauen (vgl. Park et al., 2023). Sie haben generative Software-Agenten entwickelt, die ein glaubwürdiges menschliches Verhalten simulieren. Diese generativen Agenten wachen auf, bereiten das Frühstück zu und machen sich auf den Weg zur Arbeit; Künstler malen, Autoren schreiben. Die Agenten bilden sich Meinungen, nehmen sich gegenseitig wahr und beginnen Gespräche. Sie erinnern sich an vergangene Tage und reflektieren sie, während sie den nächsten Tag planen. Dabei wird das Ganze visuell simuliert – im Stil der bekannten Sims-Spielereihe.

Es lässt erahnen, worauf wir uns zubewegen. Und es gibt uns Menschen die Möglichkeit, Dinge mit relativ hoher Prognosesicherheit zu simulieren; sowohl

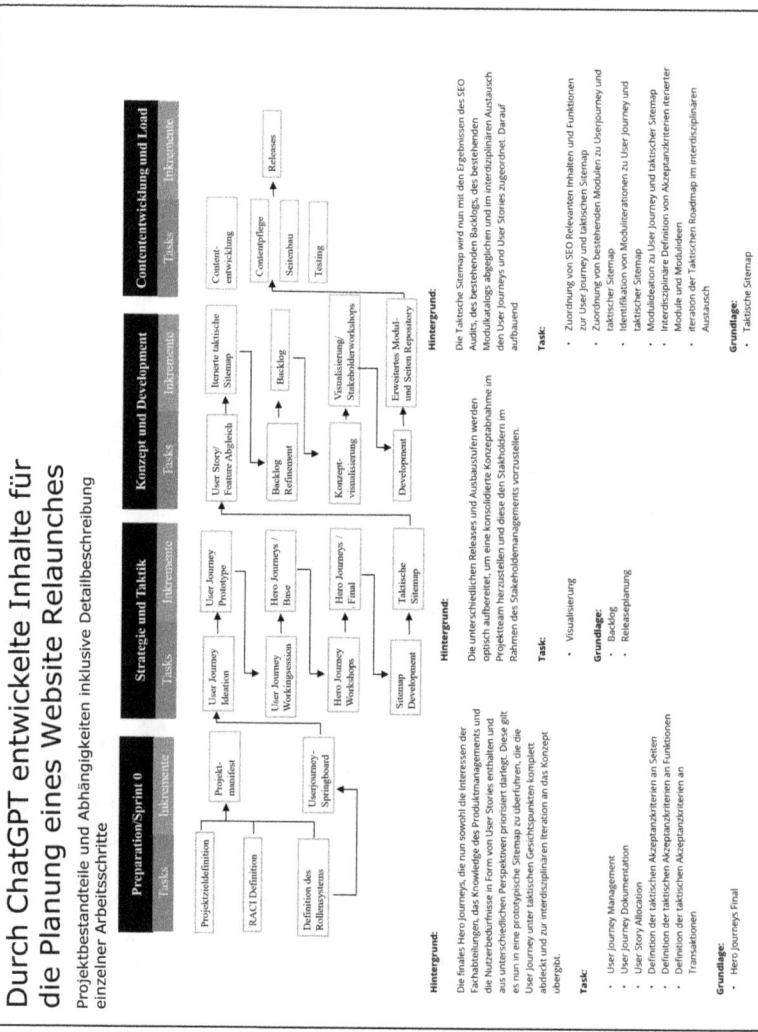

Durch ChatGPT entwickelte Inhalte für die Planung eines Website Relaunches

Projektbestandteile und Abhängigkeiten inklusive Detailbeschreibung einzelner Arbeitsschritte

Abb. 2.2 Projektplanung durch ChatGPT – Arbeitsschritte und Abhängigkeiten inkl. Detailbeschreibung der Projektbestandteile

in einem gesellschaftlichen Kontext – aber auch mit Blick auf die internen Rahmenbedingungen in Unternehmen. Schon jetzt gibt es vergleichbare Modelle, die Abläufe in einzelnen Organisationen beschreiben.

2.2.2 Entwicklung und Umsetzung von kreativen Produkten

Werden markenführende Unternehmen in Zukunft selbst Inhalte durch KI produzieren? Oder nutzen Kommunikationsagenturen KI, um effiziente Kreationen entwickeln oder produzieren zu können?

Technisch möglich ist dies bereits heute. Und Marktforschungsinstitute wie Gartner prognostizieren, dass in 2025 30 % aller Outbound Marketing Aktivitäten weltweit synthetisch – also durch KI – generiert werden. Zum Vergleich: Im Jahr 2022 waren es noch weniger als 2 % (vgl. Gartner, 2023).

Möglich wird dies durch ein schier unbegrenztes Angebot von Tools und Services entlang der gesamten kreativen Wertschöpfungskette. Diese Tools – richtig miteinander kombiniert – versetzen uns Menschen in die Lage, erstaunlich gute kreative Produkte zu erzeugen.

Dabei gibt es verschiedene Bereiche im Kreativprozess, in denen sich KI einsetzen lässt.

Bilderstellung
Zu den präsentesten gehört sicherlich die Bildbearbeitung. Mithilfe von Tools wie Midjourney oder DALL-E lassen sich auf Promptbasis automatisch Bilder generieren, die oftmals von echten Fotografien nicht zu unterscheiden sind. Diese werden aktuell in erster Linie eingesetzt, um Ideen zu visualisieren oder Storyboards zu entwickeln (s. Abb. 2.3). Je sicherer die Urheberrechtslage wird, umso häufiger werden wir auch KI generierte Motive in der finalen Kampagnenkommunikation sehen.

Etablierte Anbieter von Kreativtools wie Adobe gehen dabei noch ein Stück weiter. Mit Adobe Firefly ist ein Service am Markt, der die Bilderstellung und Bearbeitung revolutioniert – und das innerhalb einer den Kreativen vertrauten Softwareumgebung. Firefly bietet nicht nur die Möglichkeit, eigene Bilder zu erstellen. Auch in Sachen Composing sind (fast) keine Grenzen gesetzt. Bilder lassen sich in Sekundenschnelle bearbeiten oder z. B. Personen in neuen Umgebungen platzieren.

Abb. 2.3 Motiv aus einem Storyboard für die Produktion eines TV-/Video-Spots einer Pestomarke, erstellt mit Midjourney (2023)

Texterstellung

Im Bereich der Texterstellung ist unheimlich viel möglich. Kein Wunder, hat generative KI hier doch ihre Anfänge – zumindest aus der Perspektive der Masse der Nutzerinnen und Nutzer.

So kann ChatGPT schon seit einigen Jahren verblüffend gut Texte erstellen und auch unterschiedliche Tonalitäten einnehmen.

Sehr schön und einfach zu erleben, wenn man Songtexte in unterschiedlichen Stilrichtungen umschreiben lässt. Zum Beispiel Shake It Off von Taylor Swift.

Hier der Refrain in Originalversion:

> Cause the players gonna play, play, play, play, play
> And the haters gonna hate, hate, hate, hate, hate
> Baby, I'm just gonna shake, shake, shake, shake, shake

I shake it off, I shake it off (hoo-hoo-hoo)
Heartbreakers gonna break, break, break, break, break
And the fakers gonna fake, fake, fake, fake, fake
Baby, I'm just gonna shake, shake, shake, shake, shake
I shake it off, I shake it off (hoo-hoo-hoo)

Bittet man ChatGPT, den Song im Stil von Eminem zu schreiben (Prompt: „Schreibe das Lied Shake It Off von Taylor Swift um und verwende den Stil von Eminem. Schreibe den Text auf Englisch."). Verbunden mit dem Hinweis, dass "The style of Eminem is grittier, faster-paced, and features more complex rhyme schemes and wordplay.", erhält man z. B. folgendes Ergebnis:

They talk trash, I just spit facts, I don't care what they say,
They throw hate, I retaliate, I'mma do it my way.
And the doubters, the shouters, they just fuel my rage,
But I rise, I climb, and I own this stage.
So bring the noise, bring the pain, I'mma shake it off,
No regrets, no fear, I just shake it off.

Ändert man die Anforderung und wünscht sich z. B. die Interpretation in Form eines Gedichtes (Prompt: „Schreibe den Refrain von Shake It Off als Gedicht. Auf Englisch") verändert sich das Ergebnis entsprechend:

They hurl their words, they twist the knife,
But I stand tall, unfazed by strife.
With every shout, with every blame,
I rise above, refuse the shame.

Their whispers fade, their hate gets lost,
For in my soul, I count the cost.
I shake the doubt, I shake the fear,
And all that's left, I hold dear.

Wir sehen, wie gut ChatGPT unterschiedliche Tonalitäten treffen kann. Aber generative KI eignet sich nicht nur als Spielerei für die Erstellung von unterschiedlichen Songinterpretationen.

Auch und gerade im professionellen Bereich machen es Tools wie Neuroflash den Autoren und Copywritern dieser Welt deutlich einfacher (s. Abb. 2.4). Gerade für kurze Texte lassen sie sich hervorragend einsetzen. Der Reifegrad der Texte

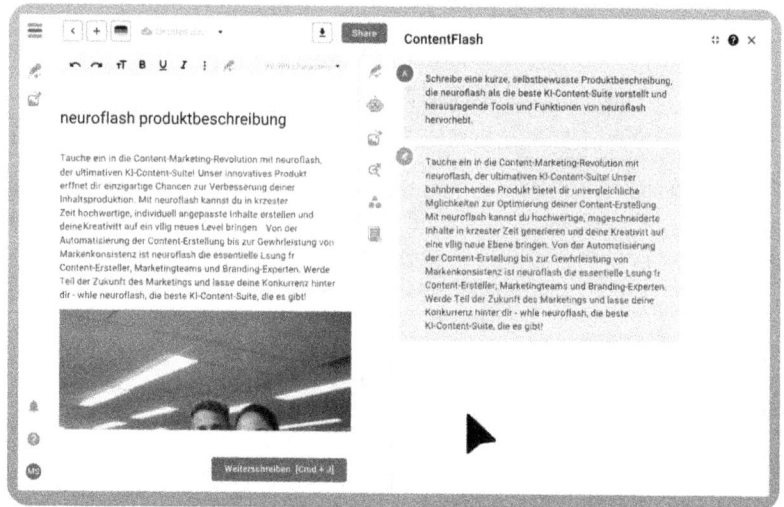

Abb. 2.4   Text-Generator Neuroflash. (Quelle: Neuroflash, o. J.)

kann getrost mit >80 % bezeichnet werden – eine ideale Hilfestellung für alle, die z. B. Social-Media-Content oder kleinere Blogbeiträge verfassen müssen. Anders als ChatGPT bieten Tools wie Neuroflash die Möglichkeit, Markenattribute im System zu hinterlegen. Damit wird sichtbar, ob ein Text nicht nur inhaltlich richtig ist, sondern auch die für eine Marke richtige Tonalität trifft.

Allerdings gibt es auch für ChatGPT spannende Erweiterungen. Mit AIPRM ist ein Prompt-Marketplace entstanden, auf dem sich Prompts zu fast jedem beliebigen Thema finden und für die eigenen Zwecke abwandeln lassen. Zum Angebot gehören ganze Blogbeiträge, Newsletter, Workshop Outlines usw.

Video

Apps wie Supercreator AI ermöglichen es Laien, kurze Videos zu entwickeln und zu produzieren – ideal für eine Creator-Industrie, die dank Apps wie TikTok boomt. Die KI-Services schreiben Scripte, suchen Bilder und setzen den Frame für den Creator oder die Creatorin.

In der Videoproduktion ist ebenfalls eine ganze Menge los. Es gibt nützliche Tools, durch die Arbeiten erleichtert und beschleunigt werden. TimeBolt ist eines davon. Durch das Tool lassen sich automatisiert Störgeräusche aus Audiospuren entfernen – eine früher sehr zeitaufwendige Tätigkeit.

Die wahre Disruption findet hier aber im Bereich der Deep Fakes statt. Visuell lassen sich täuschend echte Szenerien erstellen. Und auch in Sachen Zugänglichkeit passiert einiges. Dank KI lassen sich die Stimmen von Schauspielerinnen und Schauspielern in unterschiedliche Sprachen übersetzen und lippensynchron in den Film integrieren. Das Unternehmen FlawlessAI von Regisseur Scott Mann hat mit „TrueSync" nach eigenen Angaben das weltweit erste System entwickelt, das KI nutzt, um perfekt lippensynchrone Visualisierungen in mehreren Sprachen zu erstellen. In der Konsequenz bedeutet dies, dass zukünftig auch Länder mit bisher überwiegend englischsprachigen Filmen Zugang zu Content in Landessprache bekommen; und dass der Markt für Synchronsprecherinnen und -sprecher rapide abnimmt.

OpenAI zeigt mit dem im Februar 2024 eingeführten Text-to-Video Modell Sora (s. Abb. 2.5), wie die Zukunft in der Videoproduktion aussehen kann. Täuschend echt wirkende Full HD Videos, die auf Basis einfacher Prompts erstellt wurden; zunächst auf eine Länge von 60 s begrenzt – allerdings ist nicht davon auszugehen, dass es dabei bleibt.

Search Engine Optimization (SEO)
Aus dem Bereich der SEO ist Generative AI schon heute nicht mehr wegzudenken. Es gibt einige Anbieter und Tools, die es ermöglichen, SEO-Analysen zielgerichteter

Abb. 2.5 Video-Generator Sora von OpenAI. (Quelle: OpenAI, o. J.)

aufzusetzen, Contents schneller zu entwickeln und die Quantität sowie Qualität der SEO-Inhalte zu steigern.

So lassen sich z. B. Tools einsetzen, um die Meta Copy von Seiten (Page Title, Tags, interne Links, Metadata) zu optimieren, indem

- für Marke und Search Volumen relevante Keywords hinzugefügt werden,
- Textmengen erhöht werden, um zusätzliches Keyword-Potenzial zu heben und den semantischen Kontext auszuweiten,
- SEO-Texte komplett durch eine KI erstellt werden.

Darüber hinaus finden wir im SEO-Bereich inzwischen auch Tools, die voll automatisiert Empfehlungen über unterschiedliche Seiten hinweg aussprechen. Basis ist eine Analyse, die von dem Tool durchgeführt wird und dann dem Nutzer in Textform Optimierungsansätze anzeigt.

Development

Gerade auch in der technischen Entwicklung von z. B. Websites sehen wir immer mehr Anwendungsgebiete. Mit GitHub Copilot – einer Kollaboration von GitHub mit OpenAI – ist es möglich, aus echter Sprache Code zu entwickeln. Zwar lassen sich damit nur theoretisch ganze Websites bauen, aber eine Arbeitserleichterung und -beschleunigung für Entwicklerinnen und Entwickler ist es allemal.

Etwas weniger futuristisch, aber dafür umso häufiger im Einsatz sind diese Anwendungsfälle in der Softwareentwicklung:

- **Automatische Codegenerierung:** Tools wie GitHub Copilot nutzen KI, um Entwicklern Vorschläge für Codezeilen, Funktionen oder sogar ganze Codeabschnitte zu machen.
- **Code-Optimierung und Refactoring:** KI kann dabei helfen, ineffizienten oder veralteten Code zu erkennen und Vorschläge für Verbesserungen zu machen.
- **Fehlererkennung und Debugging:** Durch den Einsatz von KI können potenzielle Bugs oder Sicherheitslücken im Code schneller identifiziert werden, oft noch bevor sie in der Praxis auftreten.
- **Testautomatisierung:** KI kann automatische Tests generieren, um sicherzustellen, dass neue Änderungen keine bestehenden Funktionen beeinträchtigen. Sie kann auch helfen, Testfälle zu priorisieren und zu optimieren.
- **Code-Review-Unterstützung:** KI-basierte Tools können während des Code-Reviews unterstützen, indem sie den Code auf Best Practices, Sicherheitslücken oder Verstöße gegen Coding-Standards prüfen.

2.2.3 Organisation und Prozesse

KI kann nicht nur kreativ sein. Sie hilft uns auch bei den etwas langweiligen Aufgaben im Alltag, indem sie zukünftig dafür sorgt, dass unsere Mitarbeitenden jederzeit Zugang zu wichtigen Informationen haben, Prozesse aufgesetzt und eingehalten werden und wir uns selbst besser organisieren.

Wer kennt sie nicht, die Intranets großer Organisationen? Ein Ort, an dem alle internen Informationen zusammenlaufen, alle Vorlagen liegen und sich am Ende doch niemand zurechtfindet. Wir wagen die Prognose, dass diese Form des Intranets der Vergangenheit angehören wird. An seine Stelle werden Chatbots treten, denen Mitarbeitende in natürlicher Sprache Fragen stellen und wie von einem persönlichen Assistenten die passende Antwort mit Link zu den relevanten Dokumenten bekommen. Auch interne Trainings und der Zugang zu geschäftsrelevanten Informationen lassen sich auf diese Weise gestalten – und entsprechen damit zukünftig viel mehr dem natürlichen Informations- und Kommunikationsverhalten von uns Menschen.

Mit Google Document AI ist eine Plattform entstanden, die unstrukturierte Daten aus Dokumenten extrahiert und strukturiert. Damit werden diese Daten einfacher verständlich und leichter anwendbar. So lassen sich Dokumente automatisieren und validieren, wichtige Informationen aus unstrukturierten Dokumenten extrahieren und bestimmten Nutzergruppen zugänglich machen.

Ähnlich engagiert wie Google in diesem Feld ist Microsoft. Mit dem Microsoft Copilot entsteht eine Vielzahl an Services, die das Arbeiten der Zukunft erleichtern. Copilot wird für die gesamte MS Dynamics 365 Welt verfügbar sein und enthält Services wie z. B.:

- Meetingorganisation: Mit Copilot in MS Teams können Meetingzusagen priorisiert und der Nachfass von verpassten Meetings organisiert werden, z. B. indem Copilot eine Zusammenfassung der Meetings liefert inklusive persönlicher Action Items und einem Überblick zu noch offenen Entscheidungen.
- Präsentationserstellung: Aus z. B. Word-Dokumenten lassen sich über Copilot PowerPoint Präsentationen erstellen.
- E-Mailkommunikation: Mails lassen sich priorisieren, in der Inbox per Mouseover zusammenfassen und Antworten können auf Basis weniger Stichworte vorformuliert werden. Inklusive der Möglichkeit, die Tonalität für die Antworten zu bestimmen.

Ein großartiges Tool in Sachen Zeitersparnis ist auch Eightify, das als Browser Extension genutzt werden kann und schriftliche Zusammenfassungen von Videos erstellt. Man muss sich also Interviews oder Beiträge nicht mehr in Gänze anschauen, sondern bekommt innerhalb weniger Sekunden eine strukturierte Zusammenfassung des Contents.

Marketingorganisationen in Zeiten von KI

Eines ist absolut sicher: KI wird die Art und Weise, wie wir in den Marketingabteilungen und Agenturen arbeiten, grundlegend und nachhaltig verändern. Die gute Nachricht: Der große Knall bleibt aus. Vielmehr wird diese Veränderung schleichend verlaufen. Zu komplex ist das Themenfeld, zu unsicher die regulatorischen Rahmenbedingungen und zu herausfordernd die technologische Integration.

Aber: Es kann einem jeden Marketer nur geraten werden, sich jetzt mit KI zu beschäftigen und die Weichen für die Zukunft zu stellen. Denn auch wenn die Veränderung schleichend stattfindet, wird sie voranschreiten.

Mit Blick auf die Unternehmen und Organisationen sehen wir vor allem drei Felder, die Marketingverantwortliche im Blick behalten sollten:

1. Die Veränderung in den Marketingprozessen
2. Die internen und externen Organisationsstrukturen
3. Die Art und Weise, wie Teams aufgebaut und geführt werden

3.1 Veränderungen in den Marketingprozessen

Die zunehmende Zahl von Softwarelösungen mit generativer KI und vor allem deren steigende Leistungsfähigkeit werden dazu führen, dass sich die Prozesse im Marketing verändern. Und auch die Rolle der an den Prozessen beteiligten Partner.

M. H. Dahm und M. Vogler, *Künstliche Intelligenz im Marketing*, FOM-Edition, https://doi.org/10.1007/978-3-658-46255-0_3

An dieser Stelle richten wir den Blick auf das Feld der Marketingkommunikation. Hier wird generative KI mit Sicherheit die stärksten Veränderungen bewirken.

Wenn digitale Inhalte mit wenig Aufwand synthetisch zu erstellen sind und wir den Prognosen von Unternehmen wie Gartner oder McKinsey Glauben schenken, dann wird sich der Markt der digitalen Contenterstellung grundlegend verändern; und mit ihm alle beteiligten Unternehmen. Anders formuliert: Unternehmen, deren Geschäftsmodell auf der Erstellung von Inhalten basiert, werden sich intensiv mit der Tragfähigkeit des eigenen Angebotes beschäftigen müssen. Denn die Erstellung von Bild und Text, insbesondere für standardisierte Formate, wird in Zukunft mit deutlich weniger menschlichem Aufwand als bisher vonstattengehen. Heißt: Überall dort, wo heute in erster Linie Menschen benötigt werden, um die Outputmenge zu steigern, werden wir in Zukunft mit deutlich weniger Menschen deutlich mehr Ergebnisse erzielen können.

Für Werbeagenturen bedeutet dies vor allem das absehbare Ende ihres klassischen Geschäftsmodells: die Entwicklung einer kreativen Idee in Verbindung mit der Exekution dieser über unterschiedliche Kanäle und Formate. Ein Leistungsangebot, das schon heute nur noch margenschwach realisiert werden kann und in Zukunft wirtschaftlich immer weiter unter Druck geraten wird. Dabei wird die Ideenentwicklung mit Sicherheit auch in Zukunft gefragt bleiben. Zu komplex und spezifisch ist die Aufgabe, als dass sie durch Mitarbeitende auf Unternehmensseite und ein paar Prompts gelöst werden könnte. Für die Exekution und insbesondere die Adaption von Inhalten braucht es aber keine teuren Fachkräfte mehr. Dies wird einfach über KI-basierte Lösungen zu realisieren sein.

Entsprechend müssen Agenturen ihre kommunikative Expertise in veränderter Form anbieten. Ein wahrscheinliches Zukunftsszenario für Agenturen liegt darin, dass sie sich in Zukunft verstärkt um die Operationalisierung der Brand Experience kümmern (s. Abb. 3.1). Diese Annahme setzt voraus, dass markenführende Unternehmen strategische Aufgaben zunehmend ins eigene Unternehmen holen und selbst die grundlegenden Markenstrategien entwickeln. Allerdings fällt es vielen Unternehmen schwer, modernes und datenbasiertes Marketing zu operationalisieren. Zu komplex sind die internen Strukturen, zu gering das Wissen um die Anwendung von Tools, zu überfordert sind die Mitarbeitenden mit der Orchestrierung unterschiedlicher Partner und Anbieter.

Agenturen kommen dann ins Spiel, wenn es darum geht, die Marken- und Kommunikationsstrategie zum Leben zu erwecken. Dabei werden sie Spezialistinnen und Spezialisten in den Feldern Creativity, Commerce, Infrastructure und Media bei sich versammeln – verbunden mit der Fähigkeit, die einzelnen Felder zu führen und nahtlos miteinander zu verbinden.

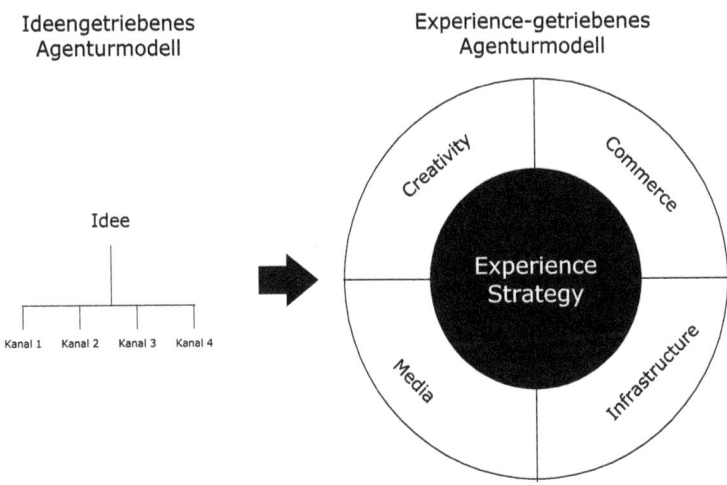

Abb. 3.1 Transformation von Agenturen – vom Ideen getriebenes zum Experience getriebenen Agenturmodell

Aber auch auf Seite der markenführenden Unternehmen wird sich eine Menge verändern. Ob, wie bei den Agenturen, immer gleich das Geschäftsmodell betroffen ist, hängt von der Branche des Unternehmens ab. Operiert es im Bereich der Contenterstellung oder Softwareentwicklung, wird der Impact groß sein. In anderen Bereichen wie z. B. bei FMCGs wird der Effekt auf das Geschäftsmodell deutlich geringer ausfallen – allerdings verändern sich die Arbeitsabläufe dennoch.

Human Centric Marketing wird in seiner Bedeutung zunehmen. Dahinter verbirgt sich die Ausrichtung eines Unternehmens an den Bedürfnissen und dem Verhalten der wichtigsten Zielgruppen. An dieser Stelle rücken Daten ins Zentrum allen Handelns in den Marketingabteilungen von Unternehmen. Klingt nicht unbedingt neu – ist es in der Alltagsrealität der meisten Unternehmen dennoch.

3.2   Organisationsstrukturen intern und extern

Marketingorganisationen sind oftmals noch sehr klassisch strukturiert (s. Abb. 3.2). In einigen Branchen lassen sich auch heute noch oft Strukturen aus dem letzten Jahrtausend finden – und das, obwohl seitdem in Sachen Digitalisierung und Arbeitsweisen Einiges passiert ist.
Vereinfacht gesagt, sieht die Organisationsstruktur wie folgt aus:

- Marken- und/oder Produktmanagerinnen und -manager sind für ein Produkt verantwortlich und kümmern sich um die Entwicklung und den Vertrieb sowie um die Kommunikation.
- Digitalabteilungen kümmern sich um die digitale Schnittstelle, sind aber oftmals von der Kommunikation und dem Vertrieb abgekoppelt.
- Die Social-Media-Abteilung postet zweimal die Woche Content, gerne organisch und meistens unabhängig von Kampagnen oder anderen kommunikativen Aktivitäten.
- Die IT-Abteilung wird überhäuft von Wünschen und Anforderungen, versucht alles zu sortieren und in Release-Circle zu packen – und wird damit zum lähmenden Flaschenhals in der Organisation.

Brand Marketing	Media	Digitales Marketing	E-Commerce	Vertrieb	IT
Corporate Design	Klassisch	Kampagne	Shop	Saleskommunikation	
Markenkommunikation	Digital	Social Media	Performance Media	Performance Media	
		Website			
		App			
		SEO			
		SEA			

Abb. 3.2 Siloartige Organisationsstruktur im Marketing

Kein Wunder also, dass nur ca. 24 % der CMOs deutscher Unternehmen ihre Marketingorganisation als voll digitalisiert beschreiben würden und nur ca. 13 % sagen, dass sie digitale Investitionen nutzen, um Marketingentscheidungen zu evaluieren. In Summe bleiben knapp 63 % der Unternehmen über, deren Marketingorganisation Nachholbedarf in Sachen Digitalisierung hat (vgl. Deloitte LLP, 2024).

Und jetzt sprechen wir darüber, wie KI in unseren Arbeitsalltag integriert werden kann – in einen Alltag, der noch nicht einmal richtig digitalisiert wurde. Keine leichte Aufgabe – aber auch eine Chance.

Denn KI zwingt Unternehmen nicht nur zur Digitalisierung. Sie verändert auch die Perspektive. KI funktioniert, wenn die Datenbasis sauber und gut ist. Das heißt, ich muss meine gesamte Organisation darauf ausrichten. Das betrifft die Strategie, die operative Zusammenarbeit der verschiedenen Einheiten und natürlich den strukturellen Rahmen.

3.3 Führung und Recruiting

Das letzte Feld betrifft das wertvollste Gut, das Unternehmen haben: die Menschen.

Die Einführung von KI in einer Firma bedeutet in erster Linie, dass bestehende Abläufe und Strukturen hinterfragt werden und Ansätze gefunden werden müssen, wo und wie KI die Arbeit erleichtern und damit verbessern kann.

Es gibt Untersuchungen von McKinsey, die deutlich machen, dass durch die neue KI-Generation etwa die Hälfte der Geschäftstätigkeiten ein Jahrzehnt früher automatisiert werden kann als in früheren Schätzungen angenommen (vgl. Ellingrud et al., 2023). Betroffen sind vor allem Arbeiten der Angestelltengruppen, die traditionell ein höheres Bildungsniveau erfordern. Viele Marketeers dürften sich angesprochen fühlen. Wohl denen also, die sich frühzeitig mit der Frage beschäftigen, wie KI Einzug in ihr Unternehmen erhalten kann.

Nun sind nicht alle Firmen Start-ups und wir haben in Deutschland eine Vielzahl von eher traditionellen Unternehmen. Dort für Veränderungen zu sorgen, ist nicht einfach. Aber gerade hier kann KI als Katalysator für kulturellen Wandel dienen – und ganz nebenbei noch zur Lösung des Fachkräftemangels beitragen.

Wichtig ist, dass wir uns nicht mit der Frage befassen, wie KI bestehende Prozesse digitalisieren kann. Dadurch entsteht nur eine wenig erfolgversprechende Übersetzung der analogen in die digitale Welt. Und es entsteht in den seltensten Fällen echter Mehrwert. In der Zukunft wird es darum gehen, die Abläufe in Unternehmen neu zu denken. Und dafür braucht es die Offenheit und den

Willen, Bestehendes zu hinterfragen, Dinge zu ändern und neue Technologien auszuprobieren. Diese Offenheit bringen vor allem Menschen mit, die mit frischer Perspektive auf die Dinge schauen – und die einen nativen Umgang mit digitalen Tools pflegen.

Damit wird KI vor allem zwei Dinge verändern: Zum einen werden wir die Auswahlkriterien für neue Bewerberinnen und Bewerber grundlegend überarbeiten müssen. Statt ausgefeilter Assessments, bei denen am Ende möglichst gleichförmige Charaktere gewinnen, brauchen wir in Zukunft die Menschen, die Dinge verändern möchten – und sich trauen, an den richtigen Stellen anzuecken.

Zum anderen werden wir die Art und Weise verändern müssen, wie Ziele in Unternehmen definiert und die Mitarbeitende gesteuert werden: Kollaboration vor Silodenken, an der Konsumentin bzw. dem Konsumenten ausgerichtetes Handeln statt Bewahren der eigenen Interessen.

Die Offenheit und der Wille, neue Technologien auszuprobieren, werden den Unterschied ausmachen. Es gibt so viele Tools, die KI-basiert arbeiten und unsere tägliche Arbeit erleichtern. Und jeden Tag kommen Tausende von Tools hinzu. Die größte Aufgabe für Marketingentscheiderinnen und -entscheider wird es sein, die Mitarbeitenden für diese Tools zu begeistern – oder eben Menschen einzustellen, die diese Offenheit mitbringen.

3.4   Mensch oder Maschine – Wer bestimmt in Zukunft die Arbeitswelt im Marketing?

Es ist wohl die Frage unserer Zeit: Werden die Maschinen uns Menschen als Arbeitskräfte im Marketing ablösen? Glaubt man den oftmals dystopisch anmutenden Artikeln aus Medien und Fachpresse, dann ist unser operatives Ende nah und das Marketing sowie die Kreation und Produktion von Kommunikationsinhalten werden zukünftig weitestgehend automatisiert erfolgen. Befeuert werden solche Annahmen durch eher von Angst getriebene Presseartikel, aber auch Veröffentlichungen wie den Report „An Early Look at the Labor Market Impact Potential of Large Language Models" von OpenAI, OpenResearch und der University of Pennsylvania (vgl. Eloundou et al., 2023).

Darin wurde untersucht, in welchen Berufen KI die Zeit, die für die Erledigung von mit dem Beruf verbundener Aufgaben notwendig ist, um mehr als 50 % reduzieren kann. Herausgekommen ist eine illustre Liste unterschiedlicher Berufsfelder. Wenig überraschend und doch auffällig: Es sind nicht nur Bürojobs betroffen (während handwerkliche Berufe weitestgehend verschont bleiben), sondern es trifft vor allem die besser bezahlten Büroangestellten. Anders als in der Industrialisierung verschwinden also nicht die schlechter bezahlten Arbeiter-jobs – es trifft die Menschen im besserverdienenden Büroangestellten und das mittlere Management. Gleichwohl räumen die Veröffentlicherinnen des Reports aber auch ein, dass sie nicht die Gesamtproduktivität messen können und auch nicht das Verhältnis zum notwendigen Invest berücksichtigt haben – das Augen-merk ihrer Untersuchung lag auf der Fähigkeit von LLMs, einzelne Aufgaben zu übernehmen.

Wo stehen wir also in Sachen Mensch oder Maschine?

Es gibt einen lesenswerten Blogpost aus dem Jahr 2023, in dem sich die Autoren Chris Rempel und Eric Dyck des Themas annehmen und drei Szenarien beleuch-ten, wie KI die Arbeitswelt und die Gesellschaft verändern wird (vgl. Avantpost, 2023).

1. Ein Szenario, das Rempel und Dyck „Distraction" nennen, beschreibt KI als so etwas wie ein vorübergehendes Phänomen. Es geht davon aus, dass nicht alle technologischen Innovationen die in sie gesetzten, hochgesteckten Erwartungen erfüllen können. Als Vergleich ziehen sie die Concorde oder den Segway heran. Beide als Neudefinition der Fortbewegung gepriesen, ist die Concorde nie über eine sehr spitze Nutzergruppe hinausgekommen und wurde inzwischen außer Dienst gestellt, während der Segway heute in erster Linie mittelalte Herren auf ihren Stadttouren zur Verfügung steht. Von einer Disruption in der Fortbewegung ist nichts zu sehen. Noch deutlicher wird das Szenario am Beispiel der Voice Assistenants. Seit vielen Jahren als neue Form der Navigation durch alle digitalen Inhalte angekündigt kommen Siri und Co. nicht über Nischenanwendungen, z. B. Navigations-Apps, hinaus. Im Ergebnis wird KI nützliche Funktionen liefern, aber eher in Form einer verbes-serten Autokorrektur und nicht mit der revolutionären Auswirkung, die aktuell prophezeit wird.

2. Das zweite mögliche Szenario für unsere Zukunft mit KI nennt sich „Dis-ruption". Sie ist relativ nah an dem, was wir heute erleben. Dieses Szenario geht davon aus, dass ein Großteil der digitalen Inhalte durch KI generiert wird. Dabei ist allerdings weiterhin der Mensch in der führenden Rolle und KI eine leistungsstarke Assistentin, die immerhin aber letztlich nur ca. 75 % der gewünschten Ergebnisse liefern kann. Dem Menschen kommt weiterhin die Rolle der Steuerung und der letzten, qualitativen Instanz zu. Spannend ist dabei, dass ein Mensch viel mehr Aufgaben übernehmen kann, als er das bisher macht. Dies wird vor allem in den Bereichen zu großen Umwälzun-gen führen, bei denen bisher Skalierbarkeit in erster Linie über die Anzahl

der am Produkt beteiligten Menschen hergestellt wurde. Also in der Kreativ- und Content-Industrie genauso wie im Bereich der Softwareentwicklung. Dazu passt der Blogpost von Jonah Peretti, CEO von Buzzfeed, aus dem Januar 2023. An seine Mitarbeiterinnen und Mitarbeiter gerichtet macht er deutlich, dass Buzzfeed in Zukunft eine AI & Creator Company wird. Damit macht er keinen großen Hehl daraus, dass die Anzahl von Autorinnen und Autoren in den kommenden Jahren signifikant zurückgehen wird (vgl. Buzzfeed, 2023).

3. Szenario drei nennt sich „Destruction". Es geht davon aus, dass KI-basierte Systeme die führende Rolle in unserer globalen Wirtschaft übernehmen. Die (noch wenigen) am Prozess beteiligten Menschen vertrauen auf die Ergebnisse der KI-Modelle und begleiten die generativen Prozesse nur noch in Form von humanen Assistenten – ein Szenario maximaler Produktivität und sprudelnder Gewinne. Gleichzeitig bedeutet es, dass wir unsere wirtschaftlichen Entscheidungen (und damit die Grundlage unseres Wohlstandes) gänzlich an Maschinen outsourcen, ohne dass wir einen Einblick in die Berechnungs- und Entscheidungsgrundlagen haben. Hinzu kommt, dass in diesem Szenario eine Abhängigkeit von den wenigen, großen Foundation Models entsteht. Also ähnlich, wie wir es heute mit den GAFAs (Google, Amazon, Facebook, Apple) erleben, wird es uns auch in Zukunft ergehen. Nur, dass die dann dominierenden Firmen über unsere wirtschaftliche Leistungsfähigkeit bestimmen.

Wohin unsere Reise mit KI geht, wird die Zukunft zeigen. Bei allem, was wir heute sehen, scheint das Szenario Disruption am wahrscheinlichsten. KI wird uns wesentliche Aufgaben im Alltag abnehmen und damit zu einer Veränderung von Organisationen und Geschäftsmodellen führen. Die Wahrscheinlichkeit, dass KI uns Menschen führt, ist dennoch gering. So viel theoretisch möglich ist, zu hoch sind und bleiben die technischen Hürden. Hinzu kommt, dass wir als Gesellschaft ein Verständnis davon brauchen, wie wir mit KI umgehen wollen.

Dazu passt auch, was Sam Altmann, CEO von OpenAI, auf dem World Economic Forum 2024 in Davos gesagt hat. In seinem Vortrag sprach er davon, dass die Menschen Wege gefunden hätten, sich mit generativer KI produktiver zu machen, und sie wüssten auch, „wofür man sie nicht einsetzen sollte". Generative KI gibt den Menschen „bessere Werkzeuge" und „Zugang zu viel mehr Fähigkeiten". KI ist aber auch „ein System, das manchmal richtig, manchmal kreativ und oft völlig falsch ist – man möchte eigentlich nicht, dass es sein Auto steuert." (CNN, 2024).

Um ein Gefühl dafür zu bekommen, ob, wann und wenn ja wie wir KI in unsere Unternehmen und Organisationen einführen, lohnt sich noch einmal der Blick auf die Zeit, in der wir leben.

Wir befinden uns inmitten einer exponentiellen Entwicklung. Die ersten Forschungen zu KI begannen in den 1950er Jahren – und fanden lange nicht den Weg in die breite Öffentlichkeit. Heute stehen wir an einem Punkt, wo fast jeder in Deutschland weiß, was KI ist und auch schonmal von ChatGPT gehört hat. Der Grund: die Entwicklung neuer Fähigkeiten von KI nimmt exponentiell zu.

Zur Verdeutlichung, wo wir gerade stehen, werfen wir einen Blick auf ein kleines Rechenexperiment.

Wie oft müssen wir ein Blatt Papier falten, um die Strecke von der Erde bis zum Mond zu überbrücken?

Nehmen wir an, das Blatt ist etwa 0,1 mm dick und wir können das Papier beliebig oft falten. Falten wir es zweimal, dann ist der Stapel etwa 0,4 mm hoch. Bei zehn Faltungen liegen wir bei 10 cm. Das ist noch nicht viel – vor allem, wenn man bedenkt, dass der Mond circa 380.000 km von der Erde entfernt ist. Aber durch die stetige Verdoppelung in der Faltung erreichen wir tatsächlich schon nach 42-mal Falten eine Strecke von 2^{42} Lagen Papier. Das sind ausgerechnet 4.398.046.511.104 Lagen. Wenn man diese Zahl mit 0,1 mm multipliziert, erhält man als Dicke des 42-mal gefalteten Papiers 439.804 km. Wir kommen mit 42-mal Falten sogar schon am Mond vorbei.

Was hat dieses Bild mit KI zu tun? Beim Einsatz von KI steht – neben der Verfügbarkeit von Daten – die einsatzbereite Rechenkapazität im Vordergrund. Und diese entwickelt sich seit Jahrzehnten eben exponentiell. Gut beschrieben durch das Mooresche Gesetz. Es greift seit den 1960er Jahren und macht deutlich,

M. H. Dahm und M. Vogler, *Künstliche Intelligenz im Marketing*, FOM-Edition, https://doi.org/10.1007/978-3-658-46255-0_4

dass sich die Anzahl von Transistoren auf einem Computerchip alle zwei Jahre verdoppelt (vgl. Wikipedia, 2024). Das iPhone 10 im Jahr 2019 hatte 37 Jahre nach der Mondlandung circa 100.000-mal mehr Rechenleistung als der Computer, der 1969 von der NASA für die Apollo-Mission verwendet wurde (vgl. Kendall, 2019).

Oder um bei unserem Beispiel mit dem Papierturm zum Mond zu bleiben: Wir sind heute vermutlich bei der 32. Faltung und damit ca. 430 m über der Erde. In den nächsten 20 Jahren schaffen wir es auf jeden Fall zum Mond. In den darauffolgenden 20 Jahren zum Mars.

Es ist also die allerhöchste Zeit, das Thema KI mit voller Ernsthaftigkeit auf die Agenda zu nehmen. Wer sich jetzt nicht damit beschäftigt, welche Rolle KI im eigenen Unternehmen einnimmt, wird in nur wenigen Jahren den Anschluss verlieren.

Was aber müssen Marketingentscheiderinnen und -entscheider in ihren Unternehmen machen, um zukunftsfähig zu bleiben? Den einen Weg und die eine Lösung gibt es nicht. Wohl aber grundsätzliche Schritte, die für jeden im Marketing hilfreich sind, um die Entwicklungen in der Zukunft mitzugestalten – statt ihnen hinterherzulaufen.

4.1   Schritte zu KI in der Marketingorganisation

Schritt 1: KI verstehen und Ziele setzen
Es ist unerlässlich, KI und ihre unterschiedlichen Formen grundsätzlich zu verstehen. Welche Modelle gibt es? In welchen Formen lassen sie sich für das Marketing nutzen? Welche Chancen bieten KI-basierte Chatbots, prädiktive Modelle, Contentautomatisierung oder die Personalisierung der Customer Experience? Mit dem von den Funktionsweisen und Möglichkeiten gewonnenen Bild lassen sich im nächsten Schritt Ziele für die eigene Organisation gewinnen. Dabei geht es vor allem darum, wo KI wirken soll. Geht es darum, die Abläufe der eigenen Organisation zu verbessern, effizienter zu werden oder die Produktqualität zu steigern? Oder geht es um kundengerichtete Dinge wie eine personalisierte Customer Experience, den effizienteren Einsatz von Kommunikationskanälen oder mehr Impact bei Kampagnen?

Vermutlich wird es eine Mischung verschiedener Felder. Wichtig ist, dass die definierten Ziele den Ausgangspunkt bilden und sich selbstverständlich mit der Zeit weiterentwickeln.

Schritt 2: Analyse des Status quo

Schauen Sie sich an, wo Sie und Ihre Organisation heute stehen. KI kann Prozesse optimieren, vereinfachen oder ganz übernehmen. Sie braucht dafür aber eine saubere strukturelle Grundlage. Das betrifft sowohl die Verfügbarkeit strukturierter Daten als auch eine adäquate technologische Infrastruktur.

Verschaffen Sie sich also ein Bild der aktuellen Prozesse und insbesondere der Probleme in den Abläufen. Analysieren Sie, wo Veränderungen echten Mehrwert bringen können. Beschreiben Sie Zielszenarien, die Ihr Unternehmen nach vorne bringen würden. Und ignorieren Sie dabei zunächst den Weg zum Ziel – dafür soll später ja die KI sorgen.

Und werfen Sie einen schonungslosen Blick darauf, welche technologische Basis Ihre Organisation heute hat, welche Technologien aktuell welche Aufgaben und Rollen übernehmen und wie Daten gespeichert und verarbeitet werden. Auch hier gilt: finden Sie heraus, wo Probleme bestehen und wie ein Wunschszenario aussehen kann.

Nun, da Sie Ihre Ziele kennen und wissen, wo die Organisation technologisch steht, können Sie Ihre KI-Projekte anschieben.

Schritt 3: Pilotieren, testen, pilotieren, testen …

KI ist ein so vielfältiges Feld, in dem es nicht die eine Lösung für alle gibt. Entsprechend wichtig ist es, eine Testmentalität im Unternehmen zu entfachen. Orientiert an den gesetzten Zielen macht es Sinn, viele kleine Piloten anzuschieben, um Erkenntnisse für spätere (Weiter-)Entwicklungen zu gewinnen.

Ganz wichtig dabei: Die Piloten sollten so geschnitten sein, dass sie von den Projektteams in der Organisation zu handhaben sind. Dazu gehört auch, dass die Projektinhalte klar definiert und nicht inhaltlich überfrachtet sind. Denn wenn zu viele Erwartungshaltungen in ein Pilotprojekt gesetzt werden, dann kann es am Ende nur scheitern.

Ein mögliches Vorgehen kann wie folgt aussehen:

Unternehmen XY beschreibt die idealen Customer Journeys für die wichtigsten Zielgruppen. Diese dienen zur Orientierung und als Leitbild. Im nächsten Schritt wird geschaut, welche Inhalte, Lösungen, Services und Angebote in den einzelnen Phasen der Customer Journey sinnvoll sind und welche Rolle KI jeweils spielen kann. Nun nimmt man sich einzelne Bereiche in Form von Pilotprojekten vor, z. B.:

- KI soll dabei helfen, die Aussteuerung der Media auf die Lebensumfeld der Käuferinnen und Käufer zu erleichtern (location targeting).
- KI soll dabei helfen, dass die Relevanz der Newsletter steigt.

- KI soll dabei helfen, dass Zielgruppen an unterschiedlichen Kontaktpunkten für sie relevante Inhalte dargestellt bekommen.
- KI soll die Verfügbarkeit des Service Centers erhöhen.

Schritt 4: Weiterentwicklung der technologischen Infrastruktur

Piloten sind ein guter Weg, um schnell Erkenntnisse zu gewinnen. Grundlage für eine erfolgreiche Implementierung ist aber eine adäquate technologische Infrastruktur. Entsprechend wichtig ist es, einen Plan davon zu haben, wie die Systemarchitektur Ihrer Organisation in Zukunft aussehen soll. Welche Schwerpunkte gibt es? Verfolgen Sie einen Best-in-Class- oder Best-of-Breed-Ansatz? Und auch hier gilt: Ist die Infrastruktur am (End-)Kunden ausgerichtet und macht sie die Daten an den unterschiedlichsten Fachlichkeiten verfügbar?

Die Weiterentwicklung der technologischen Basis ist eine Herausforderung, vor der eine Vielzahl von Unternehmen steht. Und es ist keine Aufgabe, die sich in wenigen Monaten lösen lässt. Entsprechend wichtig ist es, diese Weiterentwicklung als Grundlagenprojekt zu sehen, das parallel zu den o. g. Piloten läuft und sich kontinuierlich weiterentwickelt. Technologie ist ein Projekt, das niemals zu Ende ist.

Schritt 5: Einbindung der Mitarbeitenden

Bei KI geht es nicht nur um Technologie, es geht vor allem auch um die Menschen, die mit der Technologie arbeiten. Behalten Sie im Kopf, dass – gerade in Deutschland – das Thema KI stark aus der Perspektive diskutiert wird, wie viele Arbeitsplätze sie abschaffen wird. Verändern Sie die Perspektive in Ihrem Unternehmen. Zeigen Sie auf, dass wir KI brauchen, um unser Leistungsniveau halten oder verbessern zu können. Und machen Sie deutlich, dass KI alle Mitarbeitenden unterstützen und nicht ersetzen soll.

Binden Sie Ihre Mitarbeitenden aktiv in den Prozess mit ein. Lassen Sie die Piloten durch die Mitarbeitenden führen und seien Sie offen für Vorschläge und Impulse aus den Teams.

Abseits konkreter Pilotprojekte kann es für manche Organisationen sinnvoll sein, KI-Zirkel zu etablieren. Kreise bestehend aus Mitarbeitenden unterschiedlicher Bereiche und Abteilungen, die gemeinsam neue Tools und Lösungen testen, besprechen und sich darüber austauschen, ob sie einen Nutzen für das Unternehmen bringen können.

Schritt 6: Ethik und Datenschutz

Jeder Plan braucht ein solides Fundament. Im Falle von KI ist das die Haltung, die ein Unternehmen in Bezug auf die Technologie hat. Dabei geht es darum, dass jede Organisation einen individuellen Weg finden muss, in welchem Rahmen sie KI einsetzen möchte und vor allem, nach welchen Grundsätzen dies geschieht. Denn nirgends ist der Grat zwischen großartiger Hilfestellung und dem unethischen Ausnutzen technologischer Möglichkeiten (z. B. in Form von Deep Fakes) so schmal.

Deswegen: entwickeln Sie eine KI-Charta für Ihre Organisation. Was wird gemacht, wie wird ein vertrauensvoller Umgang mit der Technologie sichergestellt und was sind rote Linien für das Unternehmen?

Leben Sie diese Regeln nicht nur – machen Sie diese auch transparent für die Öffentlichkeit. Das schafft Vertrauen bei Mitarbeitenden und bei Kunden.

Ein Beispiel hierfür bildet die Krankenkasse Barmer (vgl. Barmer, 2024). Sie hat ein wertebasiertes Regelwerk entwickelt, um Risiken des KI-Einsatzes zu minimieren und Transparenz für Nutzerinnen und Nutzer zu schaffen.

Das Regelwerk basiert darauf, den möglichen Daten-Input und Content-Output anhand ethischer Kriterien in vier Kategorien einzuteilen.

1. Daten/Content mit inakzeptablem Risiko – z. B. Krebserkrankung/Hinweise zur Krebstherapie
2. Daten/Content mit hohem Risiko – z. B. Schwangerschaft/Hinweise zur Geburtsvorbereitung
3. Daten/Content mit beschränktem Risiko – z. B. Alter/Hinweis Darmkrebsfrüherkennung
4. Daten mit minimalem Risiko – z. B. Versichertenstatus/Hinweis Bonusprogramm

Daten und Inhalte werden entsprechend ihrer Einordnung auf der Skala mehr oder weniger streng für die Nutzung von KI-Modellen reguliert oder gegebenenfalls auch ausgeschlossen. Zusätzlich macht die Barmer den Einsatz von KI auf ihrer Website und in anderen Kommunikationsmedien transparent und gibt den Nutzenden die Möglichkeit, selbst zu entscheiden, ob oder in welchem Umfang sie den Einsatz von KI zulassen möchten.

Schritt 7: auf konstanten Wandel einstellen
Machen Sie sich bewusst, dass KI kein einmaliges Projekt ist und Sie gerade dabei sind, einen dauerhaften Test-Learn-Optimize-Prozess anzustoßen. Erinnern Sie sich an das Bild des gefalteten Blattes Papier: Wir werden mit den nächsten zehn Faltungen den Sprung zum Mond machen. Auf dieser Reise werden uns noch ganz viele

neue Dinge begegnen, auf die wir uns mit allergrößter Flexibilität einstellen müssen. Dafür braucht es ein enges Miteinander aller Mitarbeitenden und den Willen, Bestehendes immer wieder zu hinterfragen.

4.2   Anwendungsbeispiele von Unternehmen

An dieser Stelle sollen Beispiele verdeutlichen, wie Marketingorganisationen sich dem Thema KI genähert und ausgehend von konkreten Zielen Pilotprojekte definiert und umgesetzt haben. Es handelt sich um echte Cases aus persönlicher Erfahrung, die zur Wahrung der Vertraulichkeit allerdings anonymisiert sind.

Automobilhersteller, Deutschland
Automobilhersteller stehen in ihren Vertriebsstrukturen vor der Herausforderung, wirklich effektive Maßnahmen zur Neukundengewinnung sichtbar zu machen und in der Folge deren Effizienz zielgerichtet zu steigern.

In diesem Fall verfolgte der Anbieter das Ziel, die wirksamsten taktischen Maßnahmen in der Vertriebskommunikation zu identifizieren, damit diesen möglichst viele Mittel zugewiesen werden können.

Es wurden Anforderungen an ein Modell zur „Marketing Performance Optimization" formuliert, die sich im Wesentlichen durch die folgenden Punkte beschreiben lassen:

- Das Modell muss kontext- und zeitbezogen sein und alle nachvollziehbaren (aktuellen und potenziellen) Marketing- und Verkaufsaktionen einbeziehen.
- Das Modell muss „unbiased" sein und darf nicht Annahmen von Führungskräften als Erkenntnis oder gegebene Tatsache interpretieren.
- Das Modell muss daher datengesteuert arbeiten und eine gewisse historische Tiefe abbilden.
- Die Anwendung des Modells muss einfach erfolgen und es sollen unterschiedliche Vertriebsszenarien simuliert werden.

Auf diese Anforderungen ausgerichtet wurde eine Lösung entwickelt, die im Wesentlichen aus einer Mischung aus Machine Learning und Advanced AI Models bestand.

Am Ende stand eine WebApp mit einem benutzerfreundlichen Interface, über die unterschiedliche Szenarien für Vertriebsaktivitäten simuliert werden konnten. Konkret ging es dabei um die Simulation, wie viele zusätzliche Verkäufe durch z. B.

die Steigerung der Kontaktfrequenz oder den Einsatz einer bestimmten Rabattstufe erzielt werden können. Dabei ist die App angenehm aufbereitet: mit Diagrammen und übersichtlichen Simulationsergebnissen für die Entscheidungsträgerinnen und -träger.

Betreiber von Datenzentren, Australien

Das Unternehmen verfolgte das Ziel, die Performance der eigenen Call-Center zu verbessern, um einen besseren Kundenservice und damit eine höhere Kontaktzufriedenheit bei den Anrufenden zu erreichen.

Damit dies gelingen kann, müssen die Probleme im täglichen Kundenkontakt sichtbar gemacht werden. Eine aufwendige Aufgabe, da die Qualitätssicherung bisher in erster Linie manuell erfolgte.

Es wurde ein System zur Leistungsüberwachung entwickelt, das Audioaufnahmen von Telefongesprächen als Input nutzt und die Transkription dieser Gespräche als Output anbietet. Durch den Einsatz von Machine Learning und proprietären Algorithmen entstand eine Anwendung, die neben der Transkription von Gesprächen eine explorative Datenanalyse auf Basis der Kundendaten zur Verfügung stellt. So können Mitarbeitende schnell erfassen, wie sich das Inbound-Volumen darstellt, wie hoch der Anteil positiver und negativer Gespräche ist oder wie sich die durchschnittlichen Call-Zeiten bis zur Problemlösung entwickeln. Und die Mitarbeitenden können über das Tool tiefer in einzelne Themenfelder und Gespräche eintauchen. Und als kleines, aber hilfreiches Feature: Das System erstellt vollautomatisiert wöchentliche Reportings.

Kreuzfahrtunternehmen, Italien

Der Anbieter von Kreuzfahrten verfolgte das Ziel, seine Sichtbarkeit im digitalen Raum zu erhöhen und den Anteil des Conversion-orientierten Traffics zu steigern. Gleichzeitig bestand die Herausforderung, dass intern nur wenige fachlich versierte Kapazitäten zur Verfügung standen – und das Budget für den Einsatz externer Partner begrenzt war.

Für die Entwicklung einer langfristig tragfähigen und vor allem international skalierbaren Lösung wurde an verschiedenen Stellen KI eingesetzt.

Ausgangspunkt war eine Ist-Analyse, bei der eine KI Erkenntnisse aus den vorhandenen Daten sichtbar machte. Im Team wurde auf dieser Basis eine SEO-Content-Strategie entwickelt, die klar definierte Ziele, Märkte und Rahmenbedingungen zur Marke (insbesondere Tone of Voice) enthielt.

Zur Optimierung des technischen Setups wurde eine KI-Software eingesetzt, die automatisiert Fehlerverbesserungen und Korrekturen an dem SEO-Setup einer Website vornimmt und sogar Layout- und Content-Strukturen optimiert.

Ergänzend wurde eine weitere KI-Software eingesetzt, die auf die Optimierung und Entwicklung von Inhalten (Copy) ausgelegt ist und im Zusammenspiel
mit dem menschlichen SEO-Manager eingesetzt wird. Die Software ergänzt relevante Keywords, erhöht die Textlängen und erstellt ganze Texte neu. Dabei werden
semantische Elemente wie Bodycopy, H1 Title, Heading Tags, Internal Linking und
Metadata berücksichtigt.

Am Ende wurden so mehr als 170 Pages teilweise voll automatisiert mit Inhalten
befüllt oder optimiert.

Finanzdienstleister mit indirektem Vertrieb, Italien

Gerade Anbieter von Finanzprodukten, die im Vertrieb maßgeblich von Vertriebspartnerinnen und -partnern abhängig sind, haben großes Interesse, deren
Potenzial zu steigern.

In diesem konkreten Fall ging es darum, die Vertriebspartnerinnen und -partner
mit Informationen über Potenziale in einzelnen Vertriebsregionen zu versorgen.
Dazu gehört die Wahrscheinlichkeit, dass einzelne Produkte funktionieren, genauso
wie Informationen, ob und wie sich Wettbewerbsaktivitäten in der Region auf die
Absatzchancen der Vertriebspartnerinnen und -partner auswirken.

Die in der Customer Database vorliegenden Daten wurden mit externen Markt-
daten sowie Risikodaten angereichert und durch einen individuell entwickelten
KI-Algorithmus sichtbar gemacht. Auf Basis eines klassischen Punkte-Scorings
konnte so das Potenzial einzelner Regionen erfasst und für den Vertrieb aufbereitet
werden.

Kreuzfahrtunternehmen, Deutschland

Die Kreuzfahrtindustrie spricht eine Vielzahl unterschiedlicher Kundengruppen an.
Mit sehr großen Altersunterschieden in ganz unterschiedlichen Lebensphasen und,
daraus resultierend, mit sehr unterschiedlichen Interessen. Entsprechend wichtig
ist es daher, die unterschiedlichen Zielgruppen möglichst individuell anzusprechen
und durch den Salesfunnel zu führen.

Das angesprochene Kreuzfahrtunternehmen setzt dabei auf eine ganzheitliche
Lösung, die eine individualisierte Customer Journey sicherstellt. Basis ist eine
Customer Experience Platform (CXP), auf die verschiedene Komponenten aufge-
baut werden. Eine Customer Data Platform (CDP) liefert die Basis für individuelle
Kommunikationsmaßnahmen, indem sie Informationen über Interessentinnen und
Interessenten und Kundinnen und Kunden sammelt und in Echtzeit verfügbar macht.

Eine darauf aufbauende Marketing-Automation-Lösung ermöglicht es mit ihren
KI-Komponenten, die potenziellen und aktuellen Kundinnen und Kunden des
Kreuzfahrtunternehmens personalisiert über die Kontaktpunkte mit der höchsten

Reaktionswahrscheinlichkeit anzusprechen – per E-Mail, Print, über die App oder per SMS.

Medienunternehmen, Deutschland

Im Newsbereich besteht eine der größten Herausforderungen für Journalistinnen und Journalisten darin, Themen zu identifizieren, die für ihre Zielgruppe bzw. Leserschaft relevant und interessant sind. Dafür bedienten sie sich bisher unterschiedlicher Tools und Bewertungsmechanismen, die in der Regel aber ein eher breiteres Spektrum als spezifisch für die jeweiligen Journalistinnen und Journalisten und ihr individuelles Themengebiet passende Ergebnisse lieferten.

Das Wirtschaftsmagazin, um das es in diesem Beispiel geht, hat eine eigene KI-Einheit, die für die eigenen Anforderungen passende Lösungen entwickelt. Teilweise als Eigenentwicklung in der Gruppe, teilweise im Zusammenspiel mit Partnerunternehmen.

Um die Recherche für die angestellten Journalistinnen und Journalisten zu erleichtern, wurde eine eigene KI-Plattform entwickelt, die individuell „geprimt" werden kann.

Die Basis für die Recherche bildet das eigene Themengebiet, das beliebig gewählt werden kann. Zum Beispiel Automobil oder sogar eine bestimmte Automobilmarke für Redakteurinnen, die in der Wirtschaftsredaktion den entsprechenden Fokus haben.

Die Plattform screent Trends in Social Media und auf Webseiten, um herauszufinden, wo sich ein Thema entwickeln kann, das für die Zielgruppe der jeweiligen Redakteurin oder des Redakteurs relevant ist.

Anders als klassische Social-Listening-Tools setzt der Algorithmus auf Kriterien wie „Welche C-Level kommunizieren zu einem Thema?"

Am Ende erhalten die Redakteurinnen und Redakteure eine Übersicht, welche Themen sie in ihrem Gebiet im Auge behalten sollten und wo sich ggf. weitere Recherchen lohnen.

Wir sehen, wie unterschiedlich KI-Projekte in der Praxis aussehen können. Mal geht es nur um die Beantwortung einzelner Fragestellungen, bei denen KI-Modelle helfen. Manchmal geht es um ganzheitliche Konzepte und Anwendungen, um z. B. die Customer Journey möglichst individuell zu gestalten.

Was alle Beispiele vereint: In der Marketingorganisation gab es den Willen, die Performance der eigenen Arbeit durch den Einsatz von Technologie zu verbessern.

Fazit

5

Unter dem Strich sind die Autoren davon überzeugt, dass KI eine der größten Chancen für die Wirtschaft ist. Es wurde deutlich, dass wir uns mitten in der vierten industriellen Revolution befinden – einer Revolution, die nach der Mechanisierung durch Maschinen, der Einführung von Elektrizität und Fließbandarbeit sowie der Digitalisierung nun durch KI geprägt ist. Diese technologische Entwicklung hat in den letzten zehn Jahren rasant an Fahrt aufgenommen und verändert nicht nur die Art und Weise, wie wir arbeiten, sondern auch, wie wir leben und wirtschaften.

Wir heben hervor, dass KI nicht einfach nur ein weiterer Schritt in der technologischen Evolution ist, sondern eine tiefgreifende Transformation unserer Gesellschaft und Arbeitswelt einleitet. Für Unternehmen, insbesondere im Marketing, bietet dies immense Chancen. Durch den Einsatz von KI können Prozesse automatisiert Entscheidungen auf Basis fundierter Daten treffen und Kundenerlebnisse individuell gestalten. Doch dieser Wandel erfordert mehr als nur technologische Anpassungen; er erfordert auch eine kulturelle Veränderung in den Unternehmen.

Ein zentraler Punkt des Buches ist die Betonung der Offenheit und der Bereitschaft, neue Technologien auszuprobieren. Diese Eigenschaften werden für die Zukunft von Unternehmen entscheidend sein. Die Vielzahl an KI-basierten Tools, die heute verfügbar sind und die Arbeit erleichtern können, wächst stetig. Daher liegt die Herausforderung für Marketingverantwortliche nicht nur in der Auswahl der richtigen Tools, sondern auch und vor allem darin, ihre Mitarbeitenden für den Einsatz dieser Technologien zu begeistern. Oder es gilt, neue Mitarbeitende zu gewinnen, die diese Offenheit und Neugierde bereits mitbringen.

© Der/die Autor(en), exklusiv lizenziert an Springer Fachmedien Wiesbaden GmbH, ein Teil von Springer Nature 2024
M. H. Dahm und M. Vogler, *Künstliche Intelligenz im Marketing*, FOM-Edition, https://doi.org/10.1007/978-3-658-46255-0_5

Insgesamt verdeutlicht das Buch, dass die erfolgreiche Integration von KI im Marketing nicht nur von technologischer Innovation abhängt, sondern auch von einem neuen Denken und Handeln innerhalb der Organisationen. Wer die Chancen der KI erkennen und nutzen möchte, muss bereit sein, traditionelle Strukturen zu hinterfragen und eine Kultur des stetigen Lernens und Experimentierens zu fördern. Nur so können Unternehmen die Vorteile von KI voll ausschöpfen und ihre Zukunftsfähigkeit sichern. Wir Autoren wollen damit nicht nur einen klaren Blick auf die gegenwärtigen Möglichkeiten vermitteln, sondern auch eine motivierende Vision für die Zukunft des Marketings in einer von KI geprägten Welt.

Was Sie aus diesem Band der FOM-Edition Kompakt mitnehmen können

- Ganzheitliches Verständnis von KI im Marketing
- Historisches Bewusstsein für KI-Entwicklungen im Marketing
- Kenntnisse über Veränderungen in Marketingorganisationen
- Strategische Überlegungen für Führung und Recruiting
- Inspiration durch praxisnahe Anwendungsbeispiele
- Praktische Handlungsempfehlungen für Unternehmen und Agenturen
- Ausblick auf die Zukunft des Marketings mit Generative AI

Literatur

Avantpost. (2023). https://www.avantpost.co/essay/ai-vs-human-creativity-distraction-disruption-or-destruction?utm_source=dtc&utm_medium=eblast&utm_content=AP-May-20. Zugegriffen: 30. Juni 2024.

Barmer. (2024). https://www.barmer.de/verantwortung/digitale-verantwortung/cdr-news/ki-regelwerk-marketing-1160978. Zugegriffen: 30. Juni 2024.

Brynjolfsson, E., Li, D., & Raymond, L. (2013). Generative AI at Work, NBER Working Paper No. w31161, April 2023 https://ssrn.com/abstract=4426942. Zugegriffen: 30. Juni 2024.

Bundesverband Digitale Wirtschaft (BVDW) e. V (2023). OVK-Report für digitale Werbung 2023/02 https://www.ovk.de/wp-content/uploads/2024/01/OVK-Report_2023_02_final.pdf. Zugegriffen: 30. Juni 2024.

Buzzfeed. (2023). https://www.buzzfeed.com/jonah/our-way-forward. Zugegriffen: 15. Juli 2024.

CNN. (2024). https://edition.cnn.com/2024/01/18/tech/davos-sam-altman-ai/index.html. Zugegriffen: 15. Juli 2024.

Columbus, L. (2018). Sizing The Market Value of Artificial Intelligence, Forbes https://www.forbes.com/sites/louiscolumbus/2018/04/30/sizing-the-market-value-of-artificial-intelligence/?sh=69af170fffe9. Zugegriffen: 30. Juni 2024.

Deloitte LLP, Duke University's Fuqua School of Business, American Marketing Association. (2024). The CMO Survey: Managing AI, Digital Strategies, and DE&I in Marketing. Highlights and Insights Report Fall 2023, https://cmosurvey.org/wp-content/uploads/2024/03/The_CMO_Survey-Highlights_and_Insights_Report-Fall_2023-202 40328-142725.pdf. Zugegriffen: 30. Juni 2024.

Ellingrud, K., Sanghvi, S., Singh Dandona, G., Madgavkar, A., Chui, M., White, O., & Hasebe, P. (2023). Generative AI and the future of work in America, https://www.mckinsey.com/mgi/our-research/generative-ai-and-the-future-of-work-in-america. Zugegriffen: 30. Juni 2024.

Eloundou, T., Manning, S., Mishkin, P., & Rock, D. (2023). https://arxiv.org/pdf/2303.10130. Zugegriffen: 15. Juli 2024.

Gartner. (2023). Beyond ChatGPT: The future of generative AI in enterprises, https://www.gartner.com/en/articles/beyond-chatgpt-the-future-of-generative-ai-for-enterprises. Zugegriffen: 24. Mai 2024.

© Der/die Herausgeber bzw. der/die Autor(en), exklusiv lizenziert an Springer Fachmedien Wiesbaden GmbH, ein Teil von Springer Nature 2024
M. H. Dahm und M. Vogler, *Künstliche Intelligenz im Marketing*, FOM-Edition, https://doi.org/10.1007/978-3-658-46255-0

Kendall, G. (2019). Would your mobile phone be powerful enough to get you to the moon? https://theconversation.com/would-your-mobile-phone-be-powerful-enough-to-get-you-to-the-moon-115933. Zugegriffen: 24. Mai 2024.

Lebow, S. (2021). Google, Facebook, and Amazon to account for 64% of US digital ad spending this year, eMarketer, https://www.emarketer.com/content/google-facebook-amazon-account-over-70-of-us-digital-ad-spending. Zugegriffen: 24. Mai 2024.

McKinsey. (2024). What is AI? https://www.mckinsey.com/featured-insights/mckinsey-explainers/what-is-ai?stcr=CB6DBFF923C34A828A121F711024050B&cid=other-eml-alt-mip-mck&hlkid=987472c7388d415d880da93cce85702f&hctky=13535446&hdpid=e06be9f8-85a5-44eb-acd0-40b86e19f09c. Zugegriffen: 13. Juni 2024.

Menn, A. (2023). Ein Jahr ChatGPT: Diese Grafiken zeigen, wer die Gewinner des KI-Hypes sind, WirtschaftsWoche, https://www.wiwo.de/technologie/digitale-welt/kuenstliche-intelligenz-ein-jahr-chatgpt-diese-grafiken-zeigen-wer-die-gewinner-des-ki-hypes-sind/29531946.html. Zugegriffen: 24. Mai 2024.

Neuroflash (o. J.). https://neuroflash.com/. Zugegriffen: 17. Juli 2024.

OpenAI (o. J.). https://openai.com/. Zugegriffen: 17. Juli 2024.

Park, J. S., O'Brien, J. C., Cai, C. J., Ringel Morris, M., Liang, P., & Bernstein, M. S. (2023). Generative Agents: Interactive Simulacra of Human Behavior. In *The 36th Annual ACM Symposium on User Interface Software and Technology (UIST '23)*, October 29–November 1, 2023, San Francisco, USA, https://doi.org/10.48550/arXiv.2304.03442.

Statista. (2023). Threads shoots past one million user mark at lightning speed. https://www.statista.com/chart/29174/time-to-one-million-users/. Zugegriffen: 24. Mai 2024.

Wikipedia. (2024). Moore's law. https://en.wikipedia.org/wiki/Moore%27s_law. Zugegriffen: 17. Juli 2024.

Printed in the USA
CPSIA information can be obtained
at www.ICGtesting.com
CBHW071523081224
18663CB00006B/154